INFO3 VERLAG

Michael Bockemühl

KUNST SEHEN

BAND 1

Nach einer öffentlichen Vorlesung zur Malerei des 19. Jahrhunderts
vom 26. Mai 1992 im Saalbau Witten

Jana Eckey und David Hornemann v. Laer (Hg.)

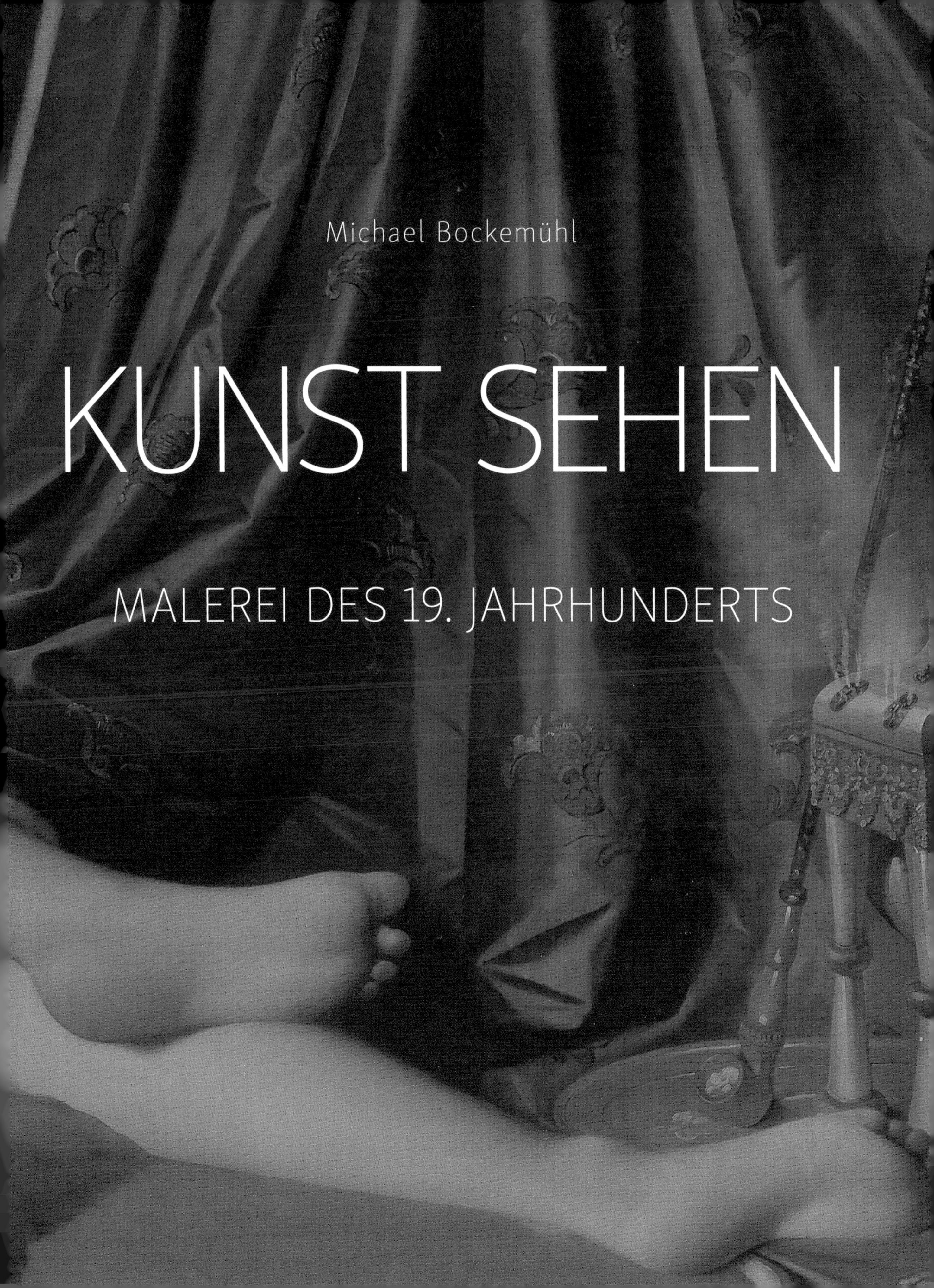

Michael Bockemühl

KUNST SEHEN

MALEREI DES 19. JAHRHUNDERTS

INHALT

AUFTAKT:
EIN FEST FÜR DAS AUGE
ODER WIE DIE KUNST DIE FRAGE NACH DEM SEHEN
SCHARFSTELLT 10

VORLESUNG:
MICHAEL BOCKEMÜHL –
MALEREI DES 19. JAHRHUNDERTS 15

ZUM PROBLEM DER WIRKLICHKEIT IN DER
REALISTISCHEN MALEREI VON GUSTAVE CAILLEBOTTE 74

NACHKLANG:
NEUE WEGE FÜR MEINE AUGEN 90

ANMERKUNGEN 92
VERZEICHNIS DER WERKE UND BILDNACHWEISE 93
DANK / IMPRESSUM 94

„Die erste Tugend eines Bildes ist es,
ein Fest für das Auge zu sein."[1]

Eugène Delacroix

1 | Eugène Delacroix,
Selbstbildnis, 1837

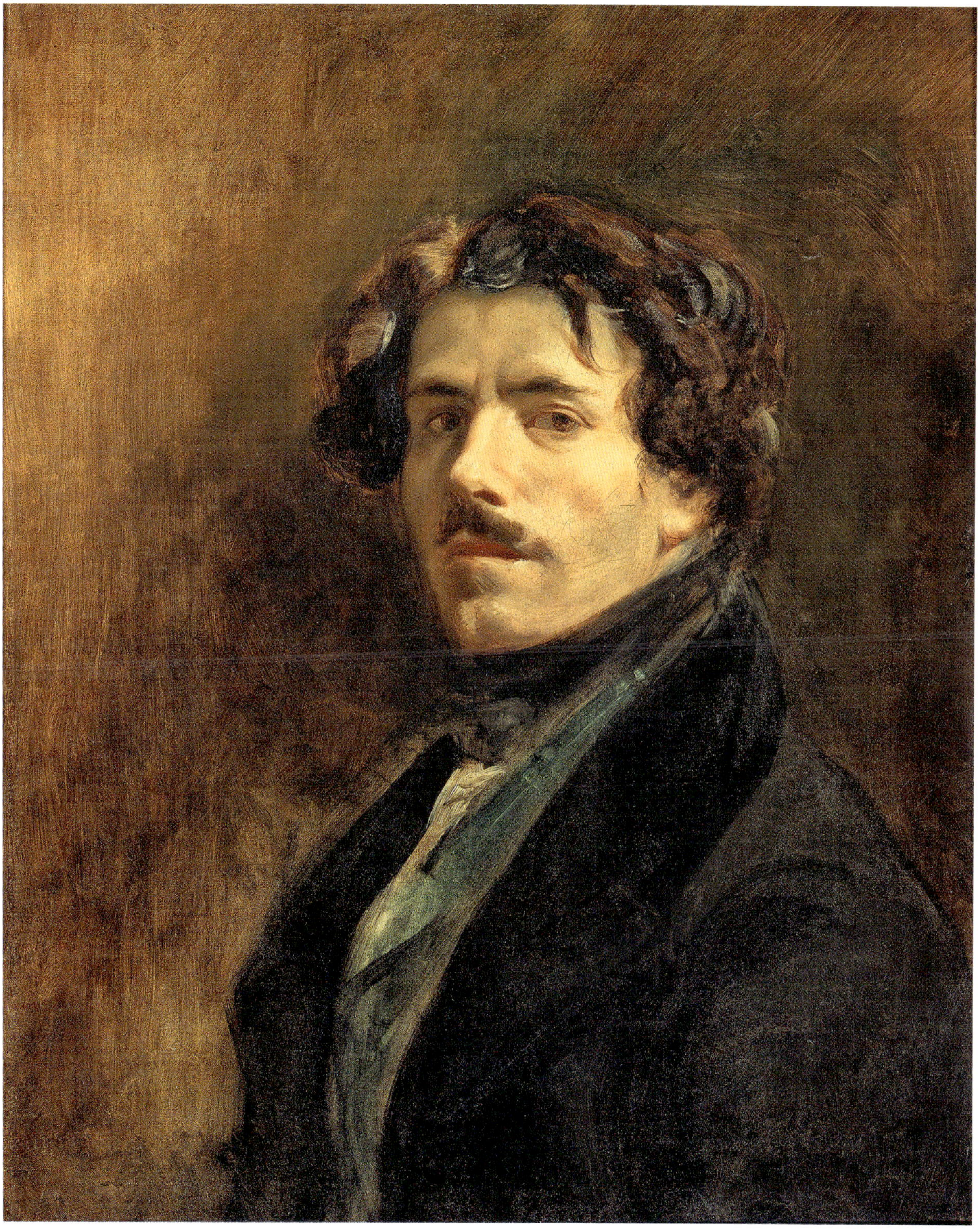

EIN FEST FÜR DAS AUGE

Was könnte uns dazu berechtigen, zu den unzähligen Büchern über allseits bekannte Künstler wie Vincent van Gogh, Paul Cézanne oder Pablo Picasso weitere Bände hinzuzufügen? Ist nicht gerade über diese Klassiker der Kunstgeschichte schon alles gesagt und geschrieben worden?

Die hier veröffentlichten Vorlesungen des Kunstwissenschaftlers Michael Bockemühl sind – obwohl mehr als 25 Jahre alt – in ihrer das Sehen unmittelbar miteinbeziehenden Art noch heute zukunftsweisend und Orientierung stiftend. Deutlich vor Augen geführt wurde mir das durch die begeisterten Reaktionen der Studierenden, die den Kunstwissenschaftler nur noch anhand der schon vergilbten Transkriptionen seiner Vorlesungen kennenlernen konnten. Ihr Tenor lautete: „Diese Texte sind wichtig. Wir dürfen sie nicht für uns behalten!"

Die öffentlichen Vorlesungen Michael Bockemühls haben Anfang der 1990er Jahre im Wittener Saalbau stattgefunden. Die damaligen Räume der Universität reichten schon nach der ersten Vorlesung nicht mehr aus. Ein Bericht des WDR-Fernsehens über die „sensationelle Veranstaltung" endete mit den Worten: „So wenig Notizen, so viel Begeisterung für die Art der Vorlesung. Kunstgeschichte als Happening – gibt's noch 'ne Steigerung?"[2]

Heute ist Bockemühls Methode der Kunstbetrachtung aktueller denn je und es scheint in Zeiten von „Fake News" und „Alternative Facts" eine Schulung des Sehsinns für eine an den konkreten Eindrücken orientierte, selbstständige Urteilsbildung unverzichtbar. Auf meine Frage, warum die Studierenden es für unbedingt notwendig erachteten, diese Texte zu veröffentlichen, lautete eine Antwort: „Wir haben verlernt, wirklich zu sehen. Unser Blick für die Schönheit und Natürlichkeit der Welt ist durch unseren Lebensstil und die Gesellschaft getrübt. Michael Bockemühl zeigt uns anhand von Kunstwerken, wie wir unseren Blick dafür wieder öffnen können."[3]

Aber wie würde es uns gelingen, die Lebendigkeit des gesprochenen Worts in eine angemessene Form zu bringen – eine Form, die dem Inhalt dieses für Professor Bockemühl so wichtigen Hauptwerks entsprechen kann?[4]

ODER WIE DIE KUNST DIE FRAGE NACH DEM SEHEN SCHARFSTELLT

Die Qualität der Tonbandaufzeichnungen war mangelhaft und manche Sätze waren kaum noch zu hören. Auch war nicht immer eindeutig, um welche Kunstwerke es sich handelte und wo wir davon Abbildungen finden könnten. Dennoch entschlossen wir uns, diesen „Schatz" zu heben und die in freier Rede gehaltenen Vorträge behutsam zu überarbeiten, die zugehörigen Bilder ausfindig zu machen und sie für eine Buchreihe vorzubereiten. Dabei ging es nicht nur um die Herstellung eines möglichst lückenlosen Textes, sondern immer auch darum, die Experimente und Sehanregungen im eigenen Üben zu erproben – gemäß Bockemühls Credo: „Der Künstler ermöglicht, was der Anschauende verwirklicht."[5] Das wurde für uns jedes Mal erneut zu einem „Fest für die Augen": Unser Sehen begann sich zu verändern. Es wurde genauer, unbedingter, schärfer – und selbst die scheinbar bekanntesten Kunstwerke erschienen aufregend neu und lebendig. An die Stelle abschließender Interpretationen trat das eigene Sehen als offener Prozess.

„Der Künstler ermöglicht, was der Anschauende verwirklicht."

Michael Bockemühl

Michael Bockemühl verzichtet in seinen Vorlesungen auf die Vermittlung kunsthistorischen Wissens. Wir erfahren weder seine Deutung der Kunstwerke noch macht er uns näher mit den biografischen und gesellschaftlichen Hintergründen der Künstler bekannt. Das alles ist sehr gut erforscht und beschrieben und würde die Herausgabe einer weiteren Buchreihe nicht rechtfertigen. Neu und bis heute fast unbekannt ist dagegen der Zugang, den uns der passionierte Wahrnehmungsforscher hier eröffnet: Wir werden als Leserinnen und Leser auf eine Expedition mitgenommen, die uns zum eigenen Sehen führt. Mehr noch: wir werden zu einem vorurteilsfreien Wahrnehmen angespornt, wie wir es vielleicht noch aus unserer frühen Kindheit erinnern. Das aber versetze uns in die Lage, bewusster mit unserem Sehen und Verstehen umzugehen – letztlich selbst Sinn im Sinnlichen zu entdecken.

„Wer die Welt verstehen will, muss mit eigenen Augen sehen lernen"[6], bemerkt Paulo Coelho. Wie man das macht, dafür liefert Bockemühl in seinen Vorlesungen konkrete Anregungen. Wir werden in Experimente und Sehübungen verwickelt und lernen, den Schleier unserer Denkroutinen zu heben, sodass an den Kunstwerken Dinge sichtbar werden, die unserem Bewusstsein zuvor durch den Filter unserer Gedanken und Meinungen entzogen wurden. So wird es möglich, an eigene Erfahrungen unmittelbar anzuknüpfen. Dabei misst sich der Wahrnehmungsexperte nicht die Deutungshoheit über das Erlebte an, sondern beschränkt sich stets auf die Frage, wie das Wahrgenommene ins Bewusstsein tritt: „Wichtig ist, dass wir uns darüber verständigen, wie es bei jedem einzelnen Betrachter von der Wahrnehmung zum Begriff gekommen ist. Wichtig ist, dass wir uns über das Wie des Anschauens verständigen."[7] Das aber brauchen wir in einer Zeit, in der wir durch Smartphones, Tablets und so weiter ohne jede Sinnesanstrengung immer mehr in eine Parallelwelt zweidimensionaler Bilder hineingezogen werden, „in der wir alles per Klick festhalten und gleichzeitig global verbreiten können, ohne unseren Standpunkt zu verändern, und in der uns alles, was am anderen Ende der Welt passiert, in Jetztzeit erreichen kann – was genau genommen unsere Wahrnehmung nicht erweitert, sondern verkürzt, weil wir uns selbst und die Perspektivität als Wahrnehmende aus dem Blick verlieren."[8]

Zusammen mit dem Info3 Verlag haben wir eine Buchform entwickelt, die dem Charakter dieser Vorlesungen entspricht: Es ist der Versuch, die Hinweise Bockemühls mit den Abbildungen in eine Balance zu bringen, es den Leserinnen und Lesern zu ermöglichen, Anschauliches und Gedankliches selbst zu verbinden. Das wiederum eröffnet die Möglichkeit zu einer kritischen Distanz sowie zu eigener anschaulicher Überprüfung.

Die Wechselbeziehung zwischen sehendem Subjekt und wahrgenommenem Objekt tritt hier in den Fokus und lässt uns erleben, dass Kunst nur dann wirksam wird, wenn sie ein Gegenüber hat, das seine Augen verweilen und ruhen lässt, dass seine Eindrücke mittels der Augen zu erfassen und zu durchdenken sucht.

Über die Chancen einer solchen, an Friedrich Schiller orientierten Ästhetik bemerkte der Professor von der Universität Witten/Herdecke: „Diese Ästhetik bietet die Möglichkeit, zu unserer eigenen Bestimmung zu finden, nicht über Gesetze von außen – Bildungszwecke, tradierte Wertvorstellungen, Moralvorschriften und so weiter –, sondern mehr und mehr auf dem Wege selbst verantworteter und gestalteter Wahrnehmung."[9]

David Hornemann v. Laer
Witten im September 2019

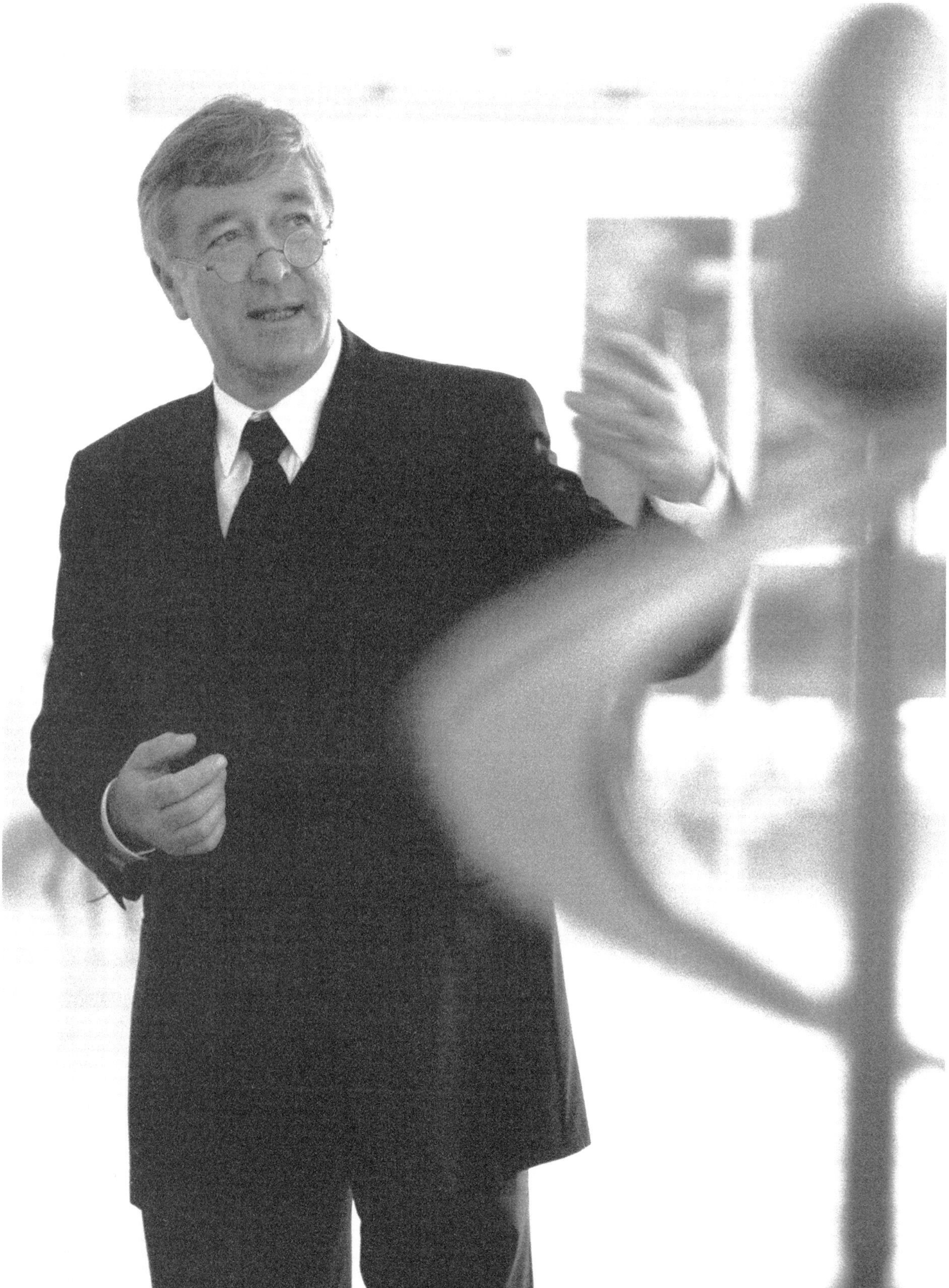

VORLESUNG

„WENN ES IN DER KUNST NICHT UM DAS GANZE GEHT, DANN GEHT ES NICHT UM KUNST!“

Meine Damen und Herren,

wenn es in der Kunst nicht um das Ganze geht, dann geht es nicht um Kunst! Doch die Beschäftigung mit Kunst hat etwas Merkwürdiges. Alle wissen, was Kunst ist, und zugleich wissen wir doch nicht, was Kunst ist. Es bleibt ein offenes Problem. Das Einzige, was wir zum Beispiel in der Malerei festzustellen vermögen, ist die Tatsache, dass wir die Bilder *sehen* können. Was es damit auf sich hat, ist aber immer noch fraglich, obwohl wir nun wirklich am Ende des 20. Jahrhunderts allmählich wissen sollten, was diese lange geübte Kulturtradition für einen Sinn hat!

Wenn man den Versuch macht, zu bestimmen, was Kunst ist, wird es allerdings sofort schwierig. Wir neigen immer noch dazu, zu sagen: „Kunst muss einen tieferen Sinn haben“. Wenn Kunst beispielsweise Spaß macht, dann ist es von vornherein suspekt. Kunst muss einen richtigen Sinn haben; und dass Kunst „ein Fest für das Auge“, also etwas für die Sinne sein soll, kann doch nicht der Weisheit letzter Schluss sein.

2 | Michael Bockemühl, 2003

Den Sinnen wird ja genügend geboten. Man braucht sich nur umzuschauen: man sieht dauernd etwas. Das Angenehme bei den Augen ist, dass man sie gelegentlich schließen kann. Alle anderen Sinne lassen sich nicht einfach so ausschalten. Man hört, riecht, schmeckt und ertastet trotzdem ungeheuer viel. Unser ganzes bewusstes Dasein ist durch ständige Sinneswahrnehmungen geprägt. Doch man möchte dem, was sowieso schon dauernd auf unsere Sinneswahrnehmung eindringt, noch etwas hinzufügen. Denn es muss doch etwas geben, was im Kunstwerk wirksam wird, etwas von dem Reich der Sinne Gesondertes, etwas Eigenes, von eigener Natur, von eigener Gestalt. Aber warum bietet uns die Natur das nicht? Bietet die Natur nicht auch ganz besondere Ereignisse und Feste für die Augen?

Es gibt beispielsweise immer mal wieder einen Regenbogen. Das ist doch auch ein Fest für die Augen. Oder einen Sonnenuntergang, oder was man sonst noch alles Schönes sehen kann. Manche Leute freuen sich zum Beispiel, wenn ihnen ein schöner Mensch auf der Straße begegnet. Feste für die Augen gibt es doch eigentlich genug! Aber es scheint doch nicht aufzugehen, denn wir sind mit dem, was uns die Sinne bieten, meist nicht zufrieden.

Warum nun also ausgerechnet Kunst? Sie richtet sich an die Sinne. Ohne Sehvermögen ist Malerei nur der halbe Spaß. Ohne Sinne hat Kunst keinen Sinn. Sie wendet sich tatsächlich an die Sinne – zunächst. Und damit fangen die Fragen schon an. Wir haben in unserem modernen Bewusstsein eine tiefe Skepsis, ein tiefes Misstrauen gegenüber unseren Sinnen. Das ist vor allem in unserer Philosophie veranlagt, die noch immer unser gegenwärtiges Bewusstsein prägt.

In Immanuel Kants Erkenntniskritik ist das auf den Punkt gebracht. Sie wissen, Kant baut seine Untersuchungen auf der Voraussetzung auf, dass unser Verstand nicht in der Lage sei, etwas zu sehen. Der Verstand bewegt sich in Begriffen, er kann abstrakte Beziehungen herstellen, ist autonom und unberührt von der Sinnlichkeit. Und die Anschauung? Die begreift nichts. Das ist das schiere Glotzen. Und zwischen Verstand und Wahrnehmung ist ein Abgrund.

Kants ganze Philosophie bemüht sich nun darum, zu erklären, wie dieser Abgrund nun doch überwunden werden kann. Doch zunächst geht er davon aus: „Gedanken ohne Inhalt sind leer, Anschauungen ohne Begriffe sind blind.“ [10] Und wenn man das auf die Gegenwart bezieht, dann möchte ich viel eher noch sagen, dass unsere Begriffe oft ins Leere greifen. Sie sind zwar wunderbar abstrakt, aber sie können die Wirklichkeit nur ganz schwer erfassen. Und unsere Anschauung ist begriffslos und kann scheinbar keinen Zugang zu einem Geistig-Wirklichen finden.

Dies ist die Ausgangssituation am Ende des 19. und beginnenden 20. Jahrhunderts, dass die Begriffe ins Leere greifen und die Anschauung im wahrsten Sinne des Wortes nichts sieht, also nur etwas wahrnimmt, aber damit nichts anfangen kann. Die heutige Skepsis gegenüber den Sinnen hat sich weiter verstärkt. Man braucht nur ein populärwissenschaftliches Buch über die Sinneswahrnehmung aufzuschlagen und findet darin zum Beispiel Aussagen wie: „Sehen als Datenverarbeitung“, oder „Sehen als Perzeption von Information“. [12]

Wenn man sich dem Rätsel des Sehens nähern will, dann ist ein großer Teil unserer Zeitgenossen damit beschäftigt, auf das Sehorgan zu blicken. Man lässt jemanden sehen und zugleich wird beobachtet, wie er guckt. Und in diesem Prozess ist das Auge nur eine ballförmige Linse, eine Art Kamera mit einer empfindlichen Rückseite, von wo aus das Gesehene über Nervenreize in das Gehirn gebracht wird. Man blickt nur auf die Physiologie, also auf das, was in dem Organ passiert, wenn gesehen wird. Bloß, was der Betreffende sieht, dessen Organ angeschaut wird, das bleibt dabei unsichtbar.

Genau das ist das Problem. Der Blick auf das Organ kann das Rätsel des Sehens nur teilweise lösen. Man beschränkt sich auf physische, chemische, physiologische – kurz: auf naturwissenschaftlich äußere Bedingungen. Das ist durchaus berechtigt, aber erfüllt die Frage des Sehens nicht. Denn wenn man sich fragt, was zum Sehen noch notwendig ist, wie zum Beispiel Licht, dann blickt man auch auf eine physikalische Welt, die auf eine bestimmte

> *„Ohne Sinne hat Kunst keinen Sinn."*
>
> Michael Bockemühl

Weise begriffen und verstanden wird. Das reine Licht wird als eine erfahrene Entität in Bezug auf physikalische Bedingungen, nicht aber auf seine Wirkung hin beschreibbar. Wenn aber jemand etwas sehen will, dann ist ihm die Physik egal. Er will etwas sehen und die Hauptsache ist, dass er an der Welt teilnimmt. Das Interessante dabei ist, dass wir beim Sehen zunächst ganz allein sind. Denn Sehen kann jeder nur für sich und jeder macht seine eigene Seherfahrung. Und so sind wir zunächst einmal mit dem Erlebnis allein. Über das Gesehene können wir uns zwar verständigen, aber mit der aktuellen Seherfahrung ist erst einmal jeder für sich.

Im Sehen vollzieht sich ungeheuer viel. Und auch das kann man mit bestimmten Experimenten beobachten. Wir haben zum Beispiel die begnadete Fähigkeit, das, was wir vor uns haben, zu unterscheiden, sodass wir nicht alles als eine Soße vor uns haben, sondern dass sich die Dinge trennen lassen. Das ist eine ganz ungeheure Leistung. Das Auge unterscheidet und wir bemerken es gar nicht. Wir wissen nicht, ob das ein Urteil oder eine optische Gegebenheit ist. Wir bemerken auch nicht, dass wir nicht immer nur einen einzigen Punkt anschauen, sondern mit den Blicken springen. So glauben wir, alles im Überblick zu haben, zum Beispiel einen Raum, in dem wir sitzen. Alles, was kurz vorher zu sehen war, wird sofort verbunden mit dem, was aktuell vor Augen steht.

Wir teilen und wir verbinden bereits im Sehen. Und da ist auch Folgendes sehr interessant. Das ist ein Experiment, das so blödsinnig ist, dass man es immer wieder machen sollte: Wenn Sie vielleicht mal Ihren Finger zücken und diesen Finger angucken und das, was Sie dahinter sehen, mit betrachten, dann sehen Sie dieses unscharf. Und jetzt machen Sie über denselben Finger einen kleinen Blick nach vorne und beachten den Finger, während Sie nach vorne blicken. Da sehen Sie beispielsweise, wie dieser Finger gewaltig auseinander tritt, riesengroß wird, aber schemenhaft, als ob Sie hindurchgreifen könnten. Und das stört uns überhaupt nicht, weil wir mit unserem Interesse dort sind, wo wir sein wollen. Und wenn Sie jemanden aus einem Gesamtgeschehen herausgreifen oder hervorheben wollen, dann machen Sie diesen scharf und alle anderen unscharf – rein optisch gesehen. Wir teilen und wir verbinden die Eindrücke.

Wir haben außerdem die Fähigkeit, im Sehen zu selektieren. Wenn Sie Unfallzeuge sind oder einen Diebstahl beobachten, so ist es außerordentlich schwierig, den Hergang oder den Dieb genau zu beschreiben, weil man oft gar nichts *gesehen* hat. Normalerweise erzählen deshalb die Zeugen alle etwas anderes, weshalb es schwierig ist, ein objektives Bild des Täters zu bekommen, weil wir auf den Tathergang fixiert sind und nicht darauf, wie der Täter aussieht. Wir selektieren, wir hören und sehen nur das, was uns interessiert. Wir filtern unsere Umgebung, sodass nicht alle äußeren Eindrücke auf uns einwirken. Und es wäre ja auch schrecklich, wenn alles, was an unser offenes Auge kommt, mit der gleichen Kraft auf uns eindringen würde! Wir würden ja wahnsinnig schon nach der ersten Viertelstunde. Stellen Sie sich mal vor, Sie gehen durch den Straßenverkehr. Was muten wir uns da an ständig an uns heranbrandenden Eindrücken zu?

Unser Auge hat trennende, analytische und synthetische Fähigkeiten. Der Sehvorgang ist also ungeheuer komplex. Doch durch das Auge wird auch noch etwas anderes geleistet, da das Auge nämlich nicht nur Auge ist, sondern auch ein Tastorgan. Es kann zum Beispiel Weiches und Hartes ertasten, indem es die Eigenschaften der Oberflächen erkennt. Das Auge kann sogar Kälte oder Wärme wahrnehmen. Wenn wir beispielsweise an einem kalten Tag ein Feuer sehen, frieren wir weniger. Das funktioniert, weil das Feuer über unser Auge als Bild auf unser seelisches Erleben wirkt. Wir sprechen da von Synästhesien, also von verbundenen Sinneswahrnehmungen.

Wie erwähnt ist das Auge vor allem ein ganz grandioser Taster, da es Konturen entlanglaufen kann. Und so, wie ich mit der Hand eine Form abnehmen kann, kann auch das Auge blitzschnell alles umfahren und dadurch Gestalten erfassen.

Das Auge kann sich hin- und herbewegen, kann Tiefen ermessen, und alle diese Fähigkeiten verbinden immer mehr Sinne, zum Beispiel auch den Gleichgewichtssinn. Es gibt Leute, die können nicht mit geschlossenen Augen auf einem Bein stehen. Sie fangen dann zu wackeln und zu kippeln an. Dass man sich in die Senkrechte und Waagerechte hinein stellt, dass man sich orientiert mit dem Auge und dass ganz viel von dem Gleichgewichtssinn über das Auge ergriffen wird, das bleibt aber meistens unbewusst.

Das Auge repräsentiert also einen ganzen Bereich von anderen Sinnen, fasst viele Sinne schon in sich zusammen. Es zeigt als Organ, als bewegtes, als tätiges Organ eine ganz hohe Komplexität. Und je höher diese ist, desto größer die Chance zu überleben.

Nun besteht bekanntlich der Einwand, es könne sich bei der Sinneswahrnehmung nur um Einbildung handeln. Deshalb wird die damit zusammenhängende Angst durch den Gedanken ausgelöst: „Ja, ist das denn wirklich so?“ So gibt es bekanntlich Kunstwerke, die einen völlig auf den Leim führen. Da denkt man zum Beispiel, man habe etwas vor Augen, wie es ist. Und plötzlich erfährt die Wahrnehmung eine neue Realität, und man befindet sich in der Welt der optischen Täuschungen. Und in dieser Welt hört man dann häufig den Satz: „Ja, in Wahrheit ist es doch anders.“ Aber woher weiß man das denn? Was ist denn dann die Wahrheit? Was ist das subjektive Erfahren gegenüber einer sogenannten Objektivität? Kann ich mich einer Objektivität überhaupt wirklich versichern?

Diese Fragen zu beantworten ist gar nicht so einfach. Aber wir können das sehr gut, nur verstehen wir nicht, wie es geht. Also dann sagt man: „Aber ich sehe Sie doch da draußen!“ Aber gerade das Sehen ist ja das, was fraglich ist. Das ist die berühmte Kant-Krise, die Heinrich von Kleist durchmachte und wie folgt beschrieb:

„Wenn alle Menschen statt der Augen grüne Gläser hätten, so würden sie urteilen müssen, die Gegenstände, welche sie dadurch erblicken, sind grün – und nie würden sie entscheiden können, ob ihr Auge ihnen die Dinge zeigt, wie sie sind, oder ob es nicht etwas zu ihnen hinzutut, was nicht ihnen, sondern dem Auge gehört.“ [13]

Also mit dem Sehen ist sehr stark das Gefühl verbunden, sich durch dasselbe einer Wirklichkeit zu versichern. Wenn ich einen Gegenstand sehe, kann ich diese Erfahrung sogar noch verstärken, indem ich ihn berühre, sodass sich die Seherfahrung mit der Tasterfahrung kreuzt.

Sie würden alle zu Tode erschrecken, wenn jemand plötzlich mit der Hand durch einen Gegenstand greifen könnte, weil Sie ein ganz hohes Vertrauen haben, dass die Dinglichkeit durch

„Der Geist ist tätig, ohne dass wir uns dessen bewusst werden."

Eugène Delacroix

Blicke oder durch Tasten versichert ist und dass man daran nicht rütteln kann. Ich sehe es doch, folglich ist es so. Und zugleich trauen wir uns nicht und sagen: „Vielleicht könnte ja alles anders sein. Das Ding an sich ist vielleicht etwas ganz anderes!"

Nun wird deutlich, was eigentlich auf dem Spiel steht. Die Sinne sind nämlich nichts anderes als die einzige Verbindung mit der Welt. Und wenn wir vom Sehen sprechen, sprechen wir ganz im Geheimen ein Pars pro toto, einen Teil für unser ganzes Weltwahrnehmen aus. Was also verbindet uns mit der Welt? Die Sinne! Ohne Sinne haben wir keinen Zugang zu ihr. Aber wenn die Sinne täuschen, wie kann ich dann Wirklichkeit fassen? Und Wirklichkeit erfahren? Und da gibt es einen interessanten Spruch von Goethe: „Die Sinne trügen nicht, das Urteil trügt." [14]

Wenn man das ganz ernst nimmt, dann muss man vieles hinnehmen, was man sonst infrage stellen würde. Wenn also auf der Erklärungs-, auf der Denkseite, die das Urteil ja erst hervorbringt, das Problem liegen würde, dann müssten wir hier in dieser Richtung weitersuchen und unser Denken, unseren Geist in den Blick nehmen. Doch der Geist ist ja etwas ganz Verdächtiges. Der ist ja noch subjektiver als die reine Erfahrung des Sehens. Wenn es um den Geist geht, haben wir den Verdacht, wir sprechen von Gespenstern, denn der ist ja gar nicht zu fassen. Geist ist doch gerade dadurch unterschieden vom Sinnlichen, das man ihn nicht sieht. Es ist also typisch Geist, dass man ihn nicht sieht. Aber es könnte auch sein, dass das Sehen nicht geistlos ist, dass wir nur auf etwas anderes achten. Es bleibt also das Problem, dass sich das Sehen nicht auf die reine Rezeption reduzieren lässt, denn Sehen ist nicht das Verarbeiten von Information. Sehen ist nicht nur ein passives Aufnehmen, eine bloße Reaktion auf einen Sehreiz, sondern, wie wir in diesen Vorträgen sehen werden, ein produktiv-schöpferischer Akt.

Wir sind heute an einem Punkt angekommen, an dem sich wirklich entscheiden muss, ob wir etwas mit unseren Sinnen entscheiden können oder nicht! Ob wir uns in die Lage versetzen können, unseren Sinnen auf einer neuen Ebene zu vertrauen! Bislang trauen wir unseren Sinnen nicht. Delacroix schreibt das so: „Glücklicherweise ist das Auge unfähig, unendliche Einzelheiten wahrzunehmen. Und so vermittelt es unserem Geiste nur das ihm Gemäße."[15] Und jetzt kommt der Satz, an dem ich das Weitere aufhängen möchte: „Der Geist ist tätig, ohne dass wir uns dessen bewusst werden."[16]

Diese Aussage kann der Schlüssel für eine Richtung sein, in der wir das Problem des Sehens suchen können. Es handelt sich hier um das, was man mit Goethe auch „das offenbare Geheimnis"[17] nennen könnte. Das Geheimnis ist offenbar, weil es jedem offensteht; es ist geheim, weil es jedem offen steht. Da bemerkt man es nämlich nicht. Wie aber lässt sich dieses Geheimnis lüften?

Ich habe mir als Kind immer wieder eine Geschichte von Felix Timmermans vorlesen lassen. Sie handelt von Pitje Sprott. Der spielt immer irgendwelche Streiche und irgendwann hat er dem König so einen furchtbaren Streich gespielt, dass das ganze Militär aufgeboten wurde und alle Leute nach ihm suchten. Und da heißt es so nett: „Doch man fand ihn nicht, denn er suchte selber mit."[18]

Das fand ich hinreißend. Heute sehe ich, wie diese Geschichte eine Situation beschreibt, die auch den Geist betrifft. Denn warum finden wir den Geist in den Sinnen nicht? Weil er selbst mit sucht! Wir sehen ihn nicht, weil wir selbst beim Sehen tätig sind und diese unsere eigene Tätigkeit uns normalerweise nicht vor Augen kommt. Die Intentionalität, das Unterscheiden, das Zusammenfügen, alles, was dem Auge und dem Sehprozess Sinn gibt, genau diese Leistung muss der Geist selbst tun. Und das ist der Grund, warum der Geist unsichtbar ist. In der Aktion ist er der Autor. Wie die gut geputzte Brille ihren Dienst verrichtet, wenn sie total unsichtbar ist, so ist es eben auch mit dieser geistigen Tätigkeit des Sehens: Sie wird vollständig unwahrnehmbar, wenn wir sehen.

Wenn es ein Mittel gäbe, diese geistige Tätigkeit im Sehen vor uns zu bringen, dann könnten wir den Geist mit unseren Augen sehen. Die Kunst ist nun genau dieses Mittel. Sie birgt nämlich die Möglichkeit, das Sehen als eine geistig-sinnliche Tätigkeit fassbar zu machen. Denn sie ist nichts anderes als das Produkt dieser geistig-sinnlichen Tätigkeit.

In diesen Vorlesungen möchte ich nun von verschiedenen Seiten immer wieder auf dieses Problem zu sprechen kommen: Kunst sehen als eine Chance, das Sehen zu fassen und über das Sehen die Kunst zu fassen. Und dies gilt als der Schlüssel zum Erfahren der Welt als sinnliche und spirituelle Tatsache. Aber dieses Problem hat selbst eine Entwicklung, in der wir es heute anders als zuvor angehen können. Aber man kann auch nicht sagen: „Die arme Vergangenheit, die armen Philosophen, das war alles falsch. Und jetzt wissen wir es endlich." Es kommt auf einen ganz anderen Punkt an, nämlich zu beobachten, wie sich zu diesem Prozess die Distanz erst nach und nach entwickelt hat. Und dieses Problem konnte bisher immer verdrängt werden. Auch in der Kunst konnte die Frage, wie man Kunst sieht, ignoriert werden. Es war nicht immer nötig, sich das klar zu machen. Aber die Kunst im 20. Jahrhundert macht eine Stellungnahme zu diesem Problem ganz unausweichlich. Und deswegen ist es ganz wichtig, sich dann auch verschiedener Positionen bewusst zu werden; denn jeder Künstler, jede Kunstform, jede Kunstgattung, alles, was in Frage kommt, auch die Randgebiete, die Grenzgebiete und schließlich die künstlerische Anschauung selbst sind immer wieder verschieden. Es ist nicht einheitlich, sondern individuell und muss immer wieder neu verstanden, durchdrungen und vor allem erlebt werden.

Ich möchte den Zyklus mit einem Blick auf das 19. Jahrhundert beginnen, auf Tendenzen zum Ende des 19. Jahrhunderts hinweisen und das Verhältnis zwischen Sehen und Verstehen reflektieren, wie es Ende des 19. Jahrhunderts zum Vorschein kam.

3 | Michael Bockemühl, 2003

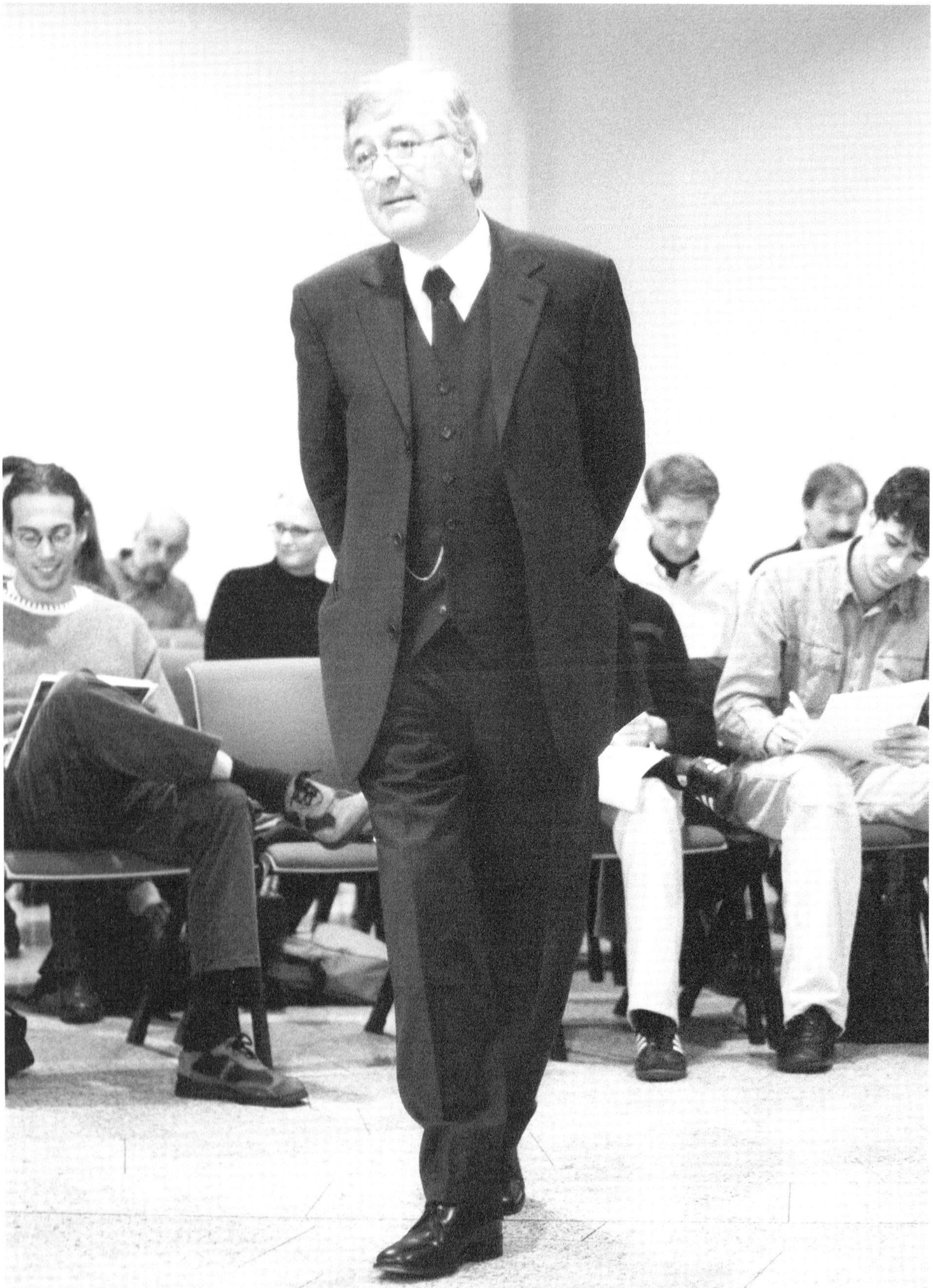

Sie haben hier etwas vor sich: einen liegenden weiblichen Akt. Einen Akt? Sind Sie eigentlich auch ein Akt, wenn Sie keine Kleider anhaben? Ein Akt ist etwas Getanes, etwas, was zu tun ist. Versuchen Sie mal, diesen Akt nicht zu sehen, den Rücken nicht als Rücken zu sehen, das Gesicht nicht als Gesicht zu erkennen. In Wahrheit wissen Sie, dass das alles bloß gemalt, bloß ein Bild ist. Doch wenn es ein Bild ist, wie kommt es, dass es als Körperlichkeit, oder technisch ausgedrückt, als Dinglichkeit betrachtet wird und nicht einfach als Farben und Formen? Um diesen Körper nicht zu sehen, müsste man schon ganz hart gesotten sein, oder man muss sich ganz besonders anstrengen, zum Beispiel starren, den Blick unverwandt hinhalten. Einfach nur zu sehen, was man sieht, ist ungeheuer schwierig. Jeder meint, er sähe hier einen Frauenakt. In Wahrheit sieht man Farben und Formen auf einer Fläche. Eine weitere Perspektive ist die der Stofflichkeit zum Beispiel. Gelingt es Ihnen, den Vorhang nicht als Ding zu sehen? Das gelingt nicht. Die Falle schnappt zu. Sehen und Begreifen ist ein und dasselbe.

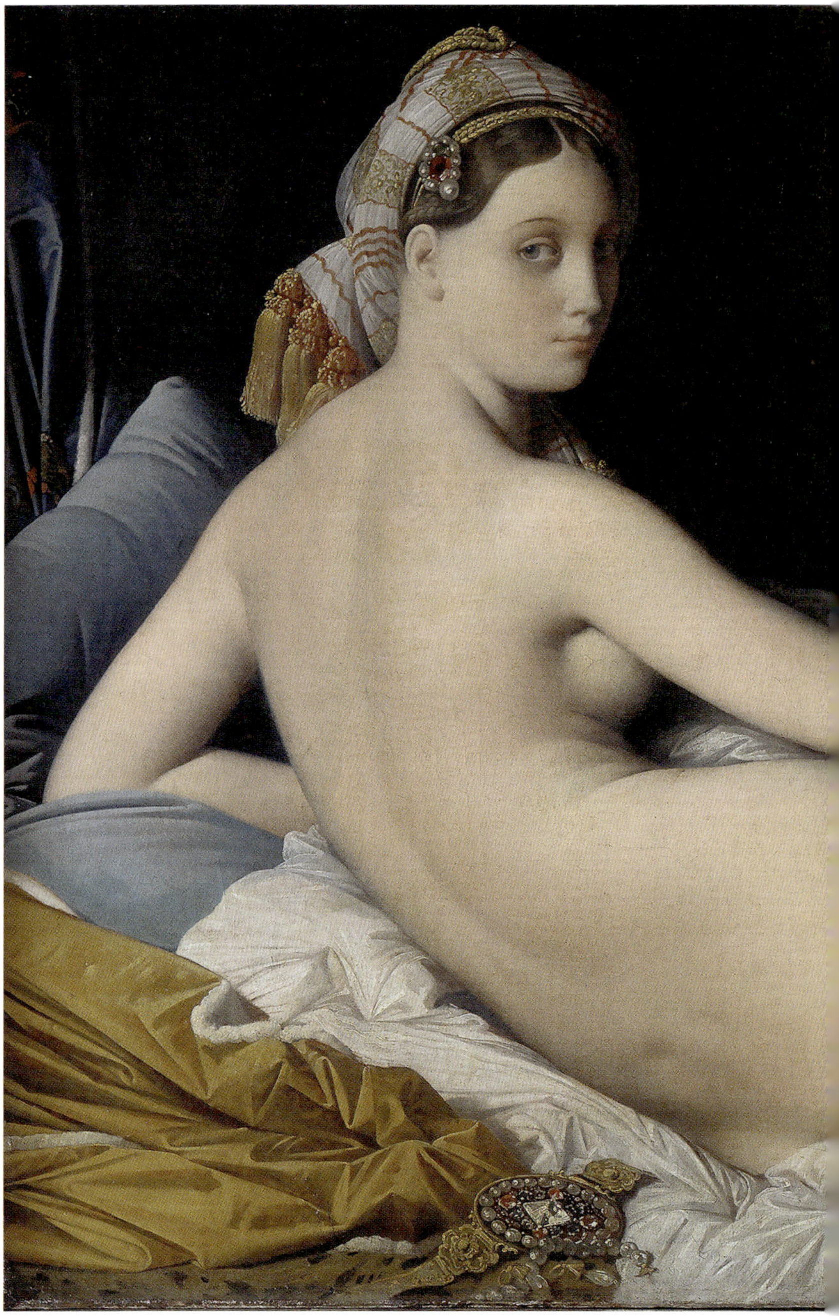

4 | Jean-Auguste-Dominique Ingres,
Die große Odaliske, 1814

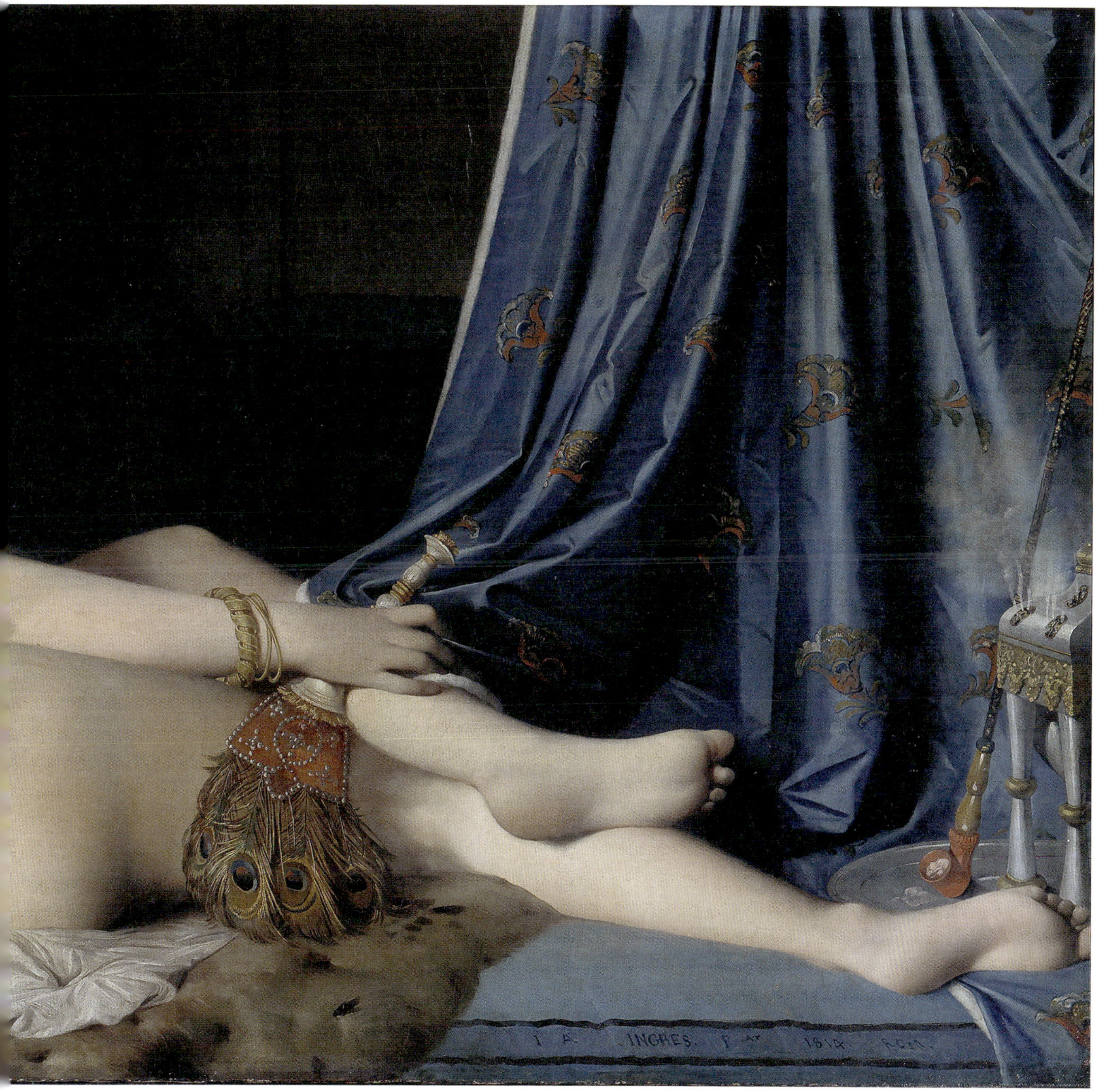
I A. INGRES. P AT 1814 ROM.

Versuchen Sie mal, dieses Bild sofort zu begreifen, so schnell wie das vorherige.

Haben Sie es schon? Warum denn nicht? Was würden Sie vorschlagen? „Wilde Pferde", „Schlachtengetümmel", „Reiter", „Cancan". Ja, das geht schon in die Richtung. Sind Sie sich inzwischen sicher, was Sie sehen?

Es handelt sich hier tatsächlich um eine Jagd. Und wie komme ich nun dazu, zu sagen, dass es so ist? Der Titel des Bildes lautet: *Löwenjagd*, von jenem öfter zitierten Delacroix. Und dieser ungeheure Unterschied zwischen Ingres und Delacroix ist die Signatur einer Differenz der Malerei im 19. Jahrhundert, wie sie urbildlicher kaum auf den Punkt gebracht werden kann: Bei Ingres eine phantastische Assimilation, sodass das Gemalte so aussieht wie der Gegenstand, dass das Augenbild

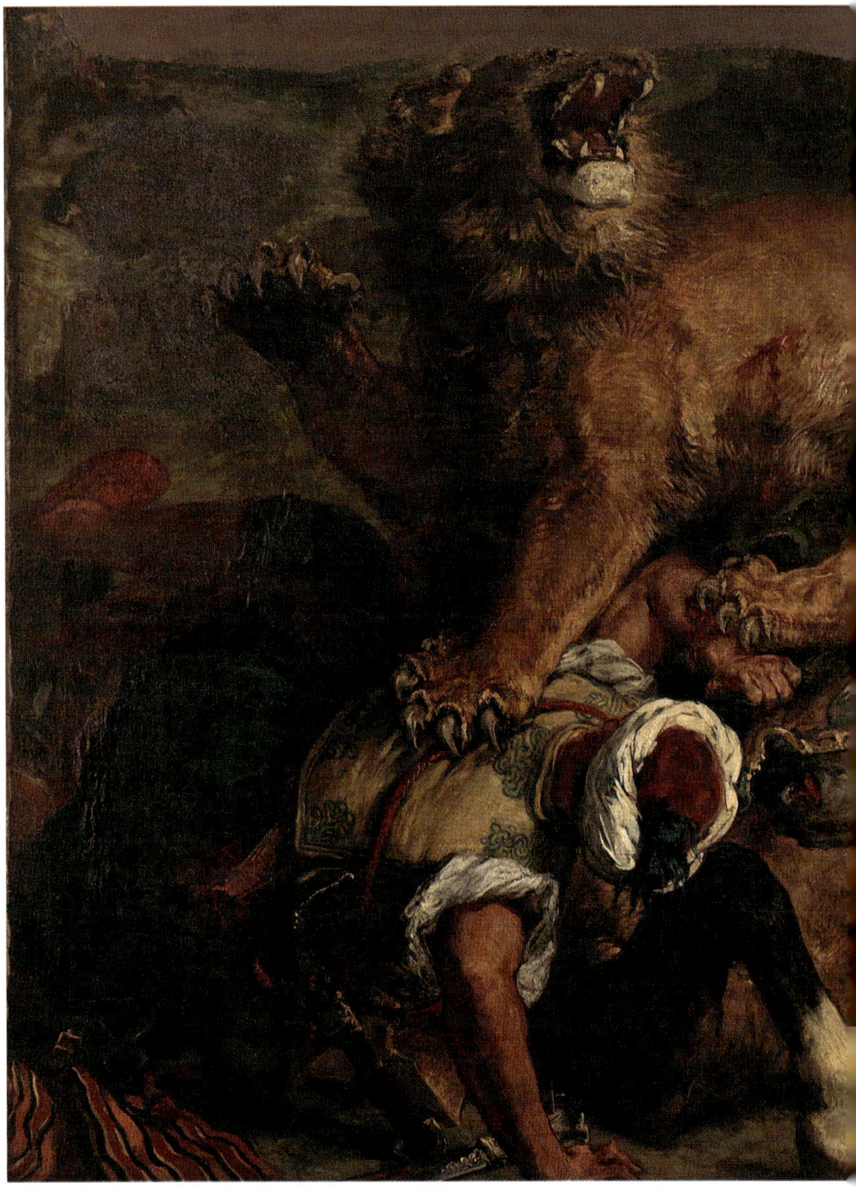

5 | Eugène Delacroix, **Löwenjagd**, 1855

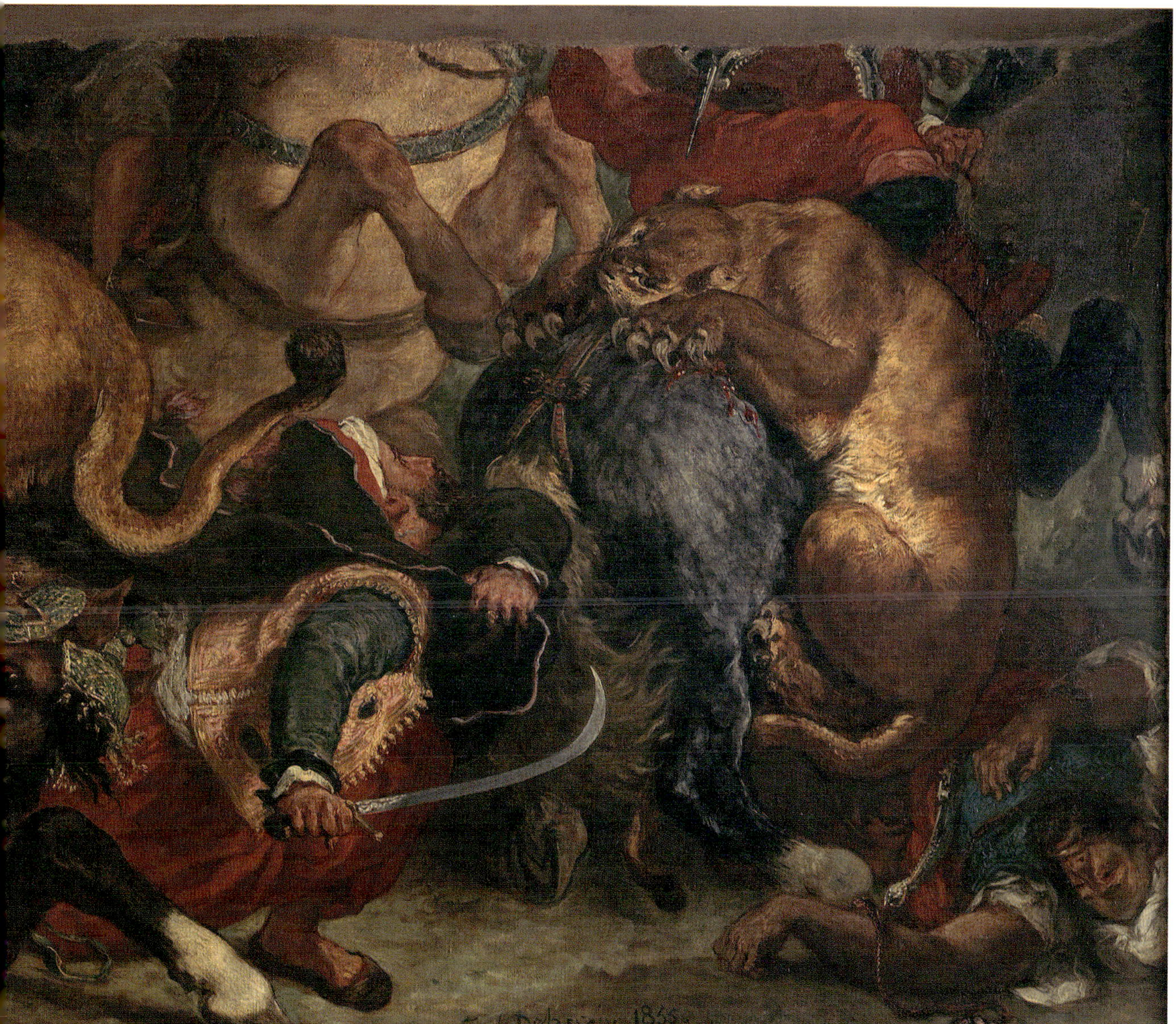

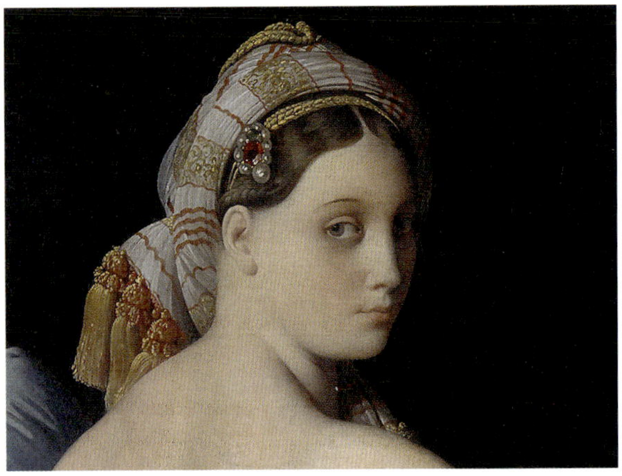
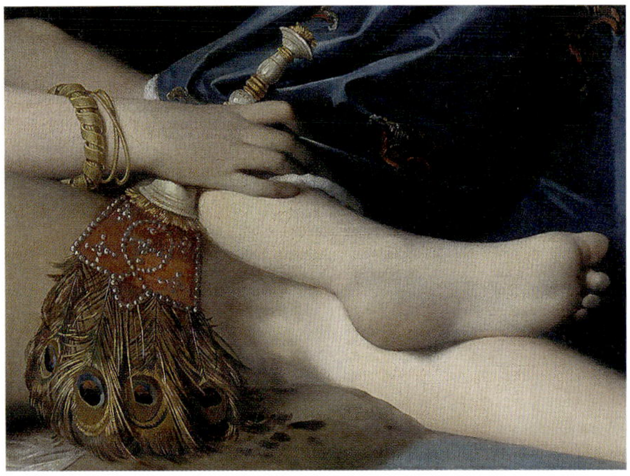
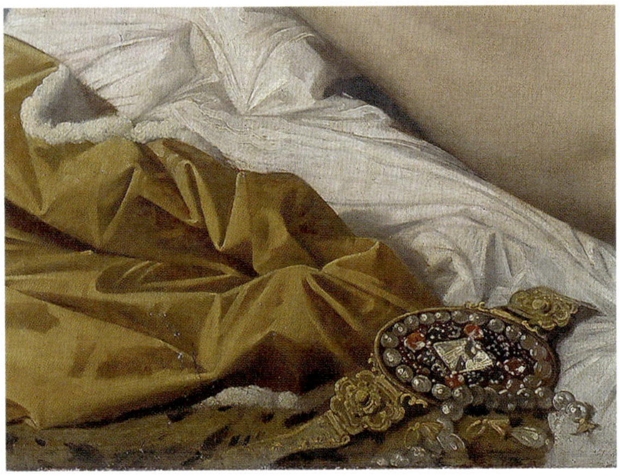
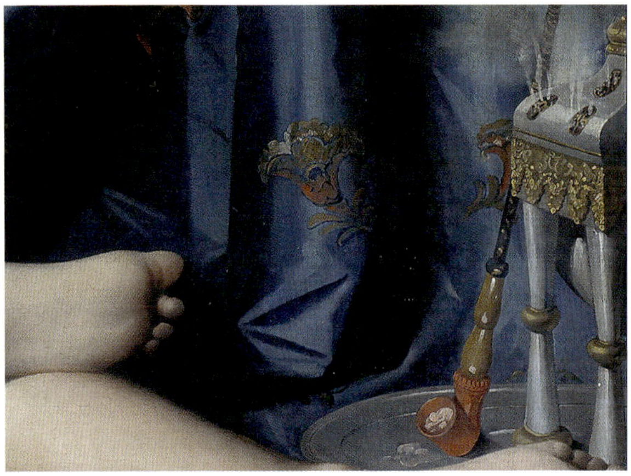

in solcher Übereinstimmung mit dem Dargestellten ist, dass es unabweisbar und unverwechselbar ist. Und die Jagd?

Wir waren uns nicht sicher in der Bezeichnung, aber wir sind uns alle darüber einig, dass hier nicht ein gemütlich liegender Akt zu sehen ist. Es ist weder eine Frühlingswiese noch ist es irgendetwas Friedliches. Vielmehr sehen wir hier etwas Turbulentes, etwas Wildes, etwas Bewegtes, etwas Anspringendes. Jetzt kann man da und dort Einzelheiten entdecken wie einen Pferdehuf, ein Auge, einen Reiter, Tücher oder den Leib eines Löwen oder ein gestürztes Pferd. Aber man braucht all das in den Einzelheiten nicht aufzusuchen, weil das Bild – wie auch immer –, ohne dass es den Gegenstand präzisiert und zur Illusion macht, schon etwas überträgt, prima vista, was als Charakter, als Wirkung, als Geschehen gesehen und verstanden wird, bevor es verstanden und gesehen wird.

Es gibt verschiedene Arten des Verstehens, die dem dinglichen Verstehen vorangehen. Jetzt kann man in Ruhe schauen, was es denn wirklich ist; wobei dieses „wirklich" in ganz ungeheure Anführungsstriche gesetzt werden muss. So lässt sich zum Beispiel an Ingres Gemälde eine suggestive Kraft beobachten, die uns unmittelbar – und jetzt möchte ich mal ein modernes Wort verwenden – „abfahren" lässt auf ein Wissen von einem Gegenstand. Und das andere ist die *Löwenjagd*, die lässt mich, auch wenn ich weiß, was es ist, nicht zur Ruhe kommen,

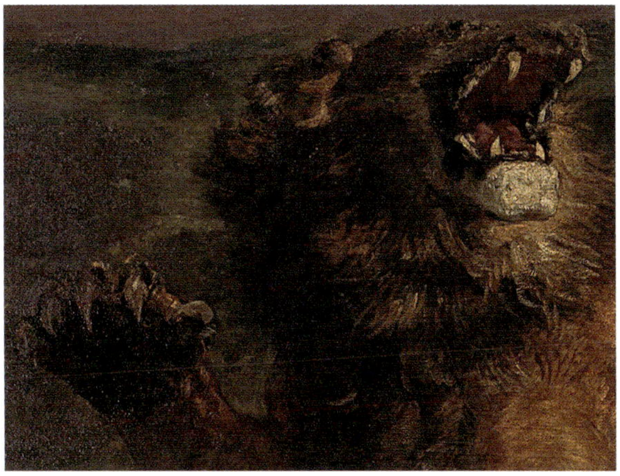

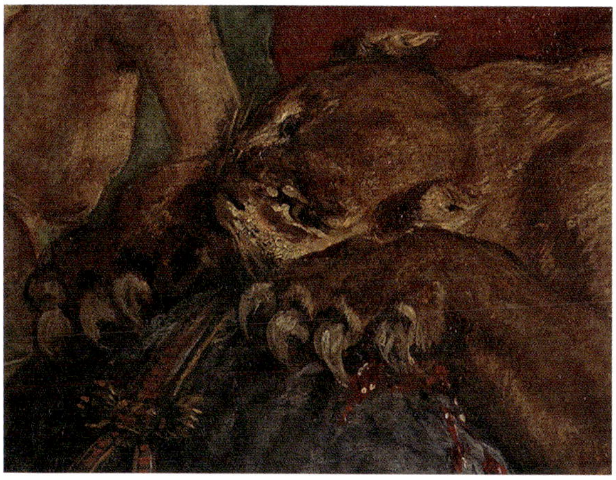

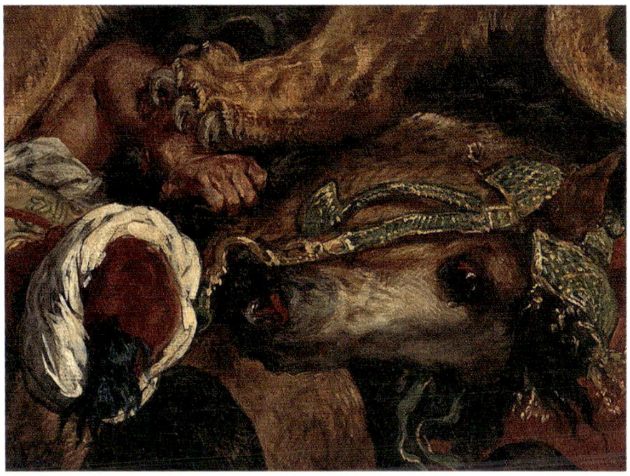

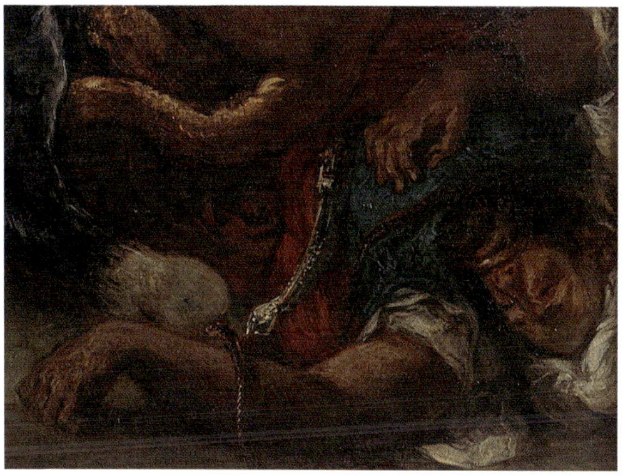

denn ich suche immer weiter. Was Ingres macht, ist die Bestätigung unseres normalen Blickverhaltens: Sehen und wissen, was es ist. Bei Delacroix's Gemälde ist das anders. Überlegen Sie mal, wie lange Sie brauchen, um eine Ihnen bekannte Person, die zur Tür herein kommt, zu erkennen: Zack! Sehen und Verstehen ist dasselbe.

Wir sind aber zutiefst beunruhigt, wenn wir etwas nicht sofort einordnen können, was in unser Blickfeld gerät. In der Beunruhigung flackert der suchende Blick. Das Auge beginnt, eine Bewegung zu übernehmen, die das Bild gegenständlich darstellt, nämlich kämpfen, wild sein. Ich finde es toll, das Angebot „Cancan". Stellen Sie sich vor, die Röcke und so weiter! Inhaltlich ist das zwar total verfehlt, aber vom Vorgang her weist es prinzipiell auf Bewegung hin.

Es kommt doch sehr auf die Wahl des Gegenstands an. Und das 19. Jahrhundert war ganz außerordentlich fasziniert davon, einen Gegenstand irgendwie fassbar zu machen. In diesem Fall ist der Gegenstand das, was gemalt werden soll. Und wenn die Löwenjagd nun Gegenstand des Bildes ist, dann kann man es ja gerade noch erdulden, dass dann das Bild selbst anfängt zu toben.

„Die Würde der Kunst hängt davon ab, dass ein würdiger Gegenstand gezeigt wird."

Wir werden nun in eine andere Richtung gehen und dieses schnelle Blicken, dieses Sehen und Verstehen und das Problem des gewählten Gegenstandes im 19. Jahrhundert verfolgen. Und weil wir das so gut können, mache ich das jetzt auch ganz schnell. Denn die Würde der Kunst hängt davon ab, dass ein würdiger Gegenstand gezeigt wird. Würden Sie sich etwas Unwürdiges ins Wohnzimmer hängen, wenn Besuch kommt? Dann muss man das schnell umdrehen. Der Oma ist das nicht zuzumuten, dieses Bild. Also, ich sage das etwas flapsig, aber kann ein unwürdiger, profaner Gegenstand Gegenstand der Kunst sein, wenn doch die Kunst dazu da ist, zu feiern und zu rühmen? Ein würdiger Gegenstand ist zum Beispiel der Todesmoment der Königin Elisabeths I. von England, wie ihn Paul Delaroche in seinem riesigen Gemälde zur Anschauung bringt.

6 | Paul Delaroche, **Tod Elisabeth I.**, 1828

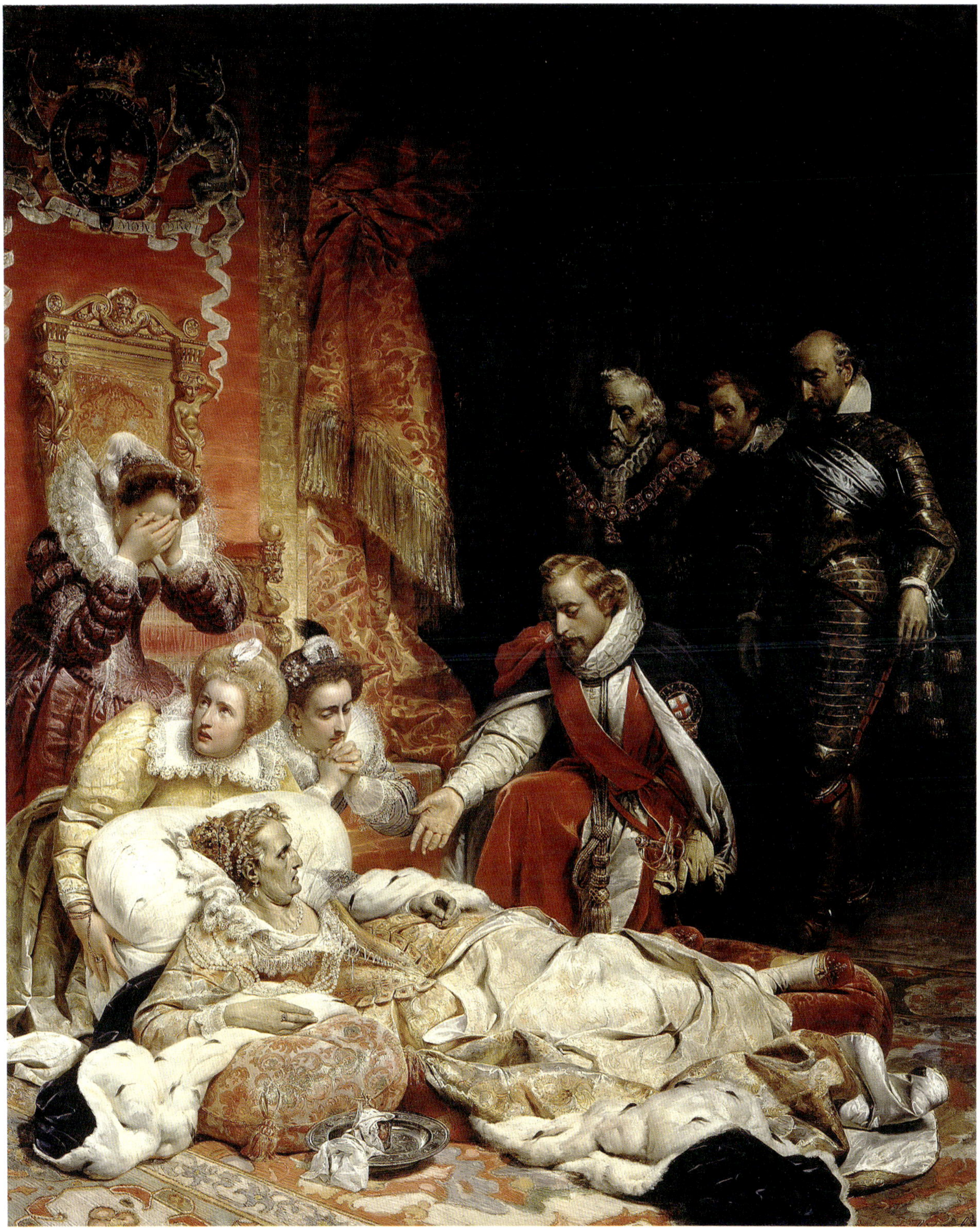

Das Gemälde von Paul Delaroche ist im Wettstreit mit Historikern gemalt. Hier stimmt einfach alles. Da sind die Detailstudien, die Kostüme, das sind alles vor Ort aufgenommene Einzelheiten. Es ist offensichtlich, dass die Königin keine lange Lebenserwartung mehr hat und es ist historisch getreu gemalt.

Im 19. Jahrhundert malt man nicht mehr irgendetwas, sondern man hat nun das Bedürfnis, in die Malerei etwas hineinzuzwingen, was sie ja vom Ansatz her nicht hat, nämlich, dass sie wirklich ist, etwas aus der Wirklichkeit präsentiert. Und was ist wirklicher als Geschichte?

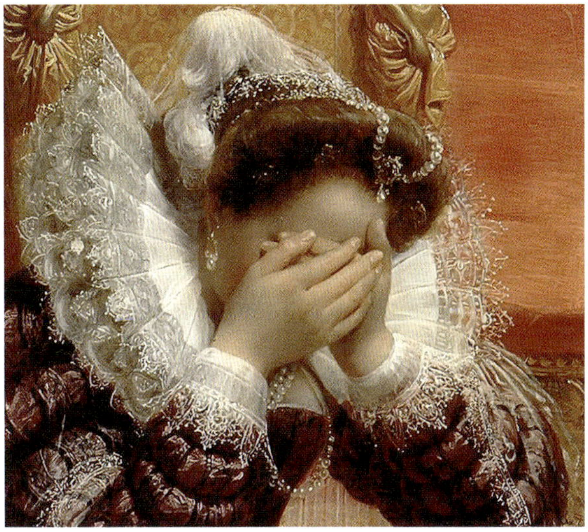
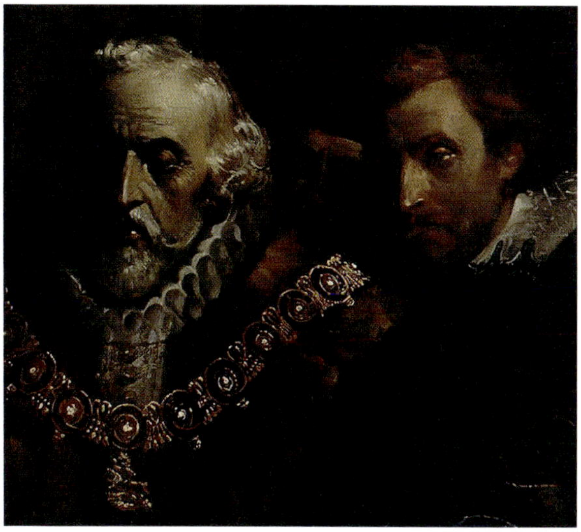
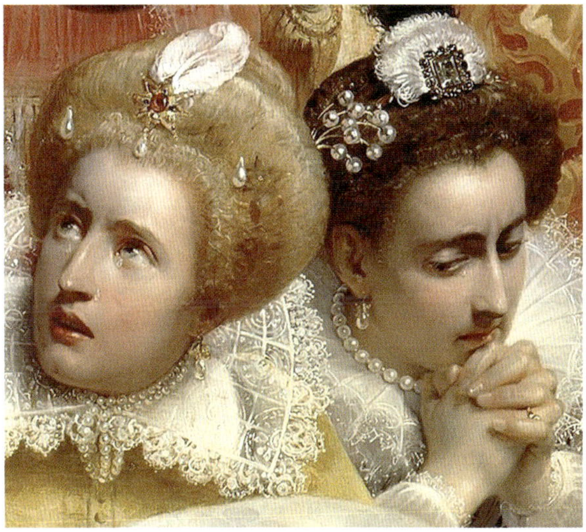
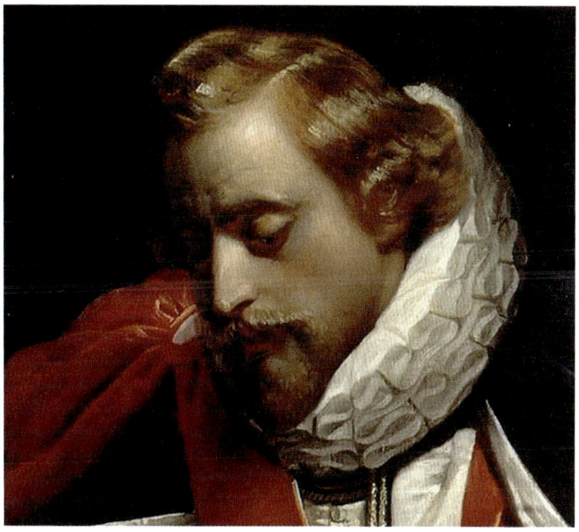
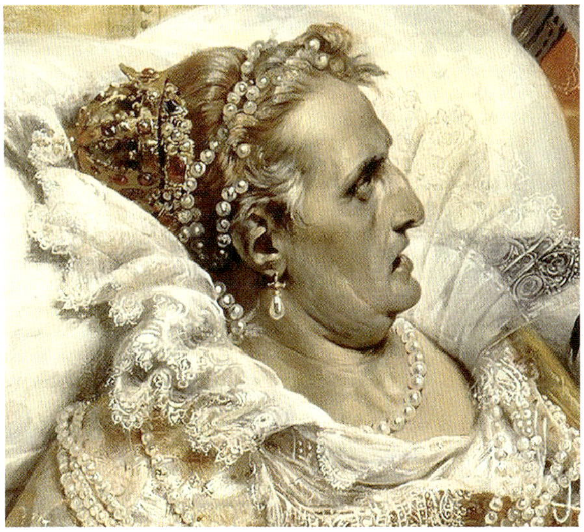
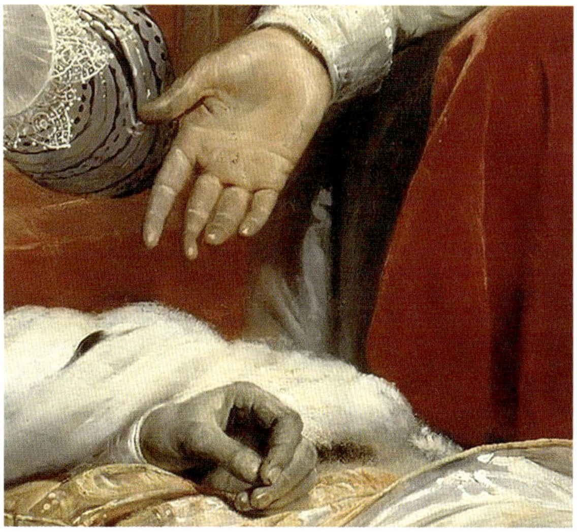

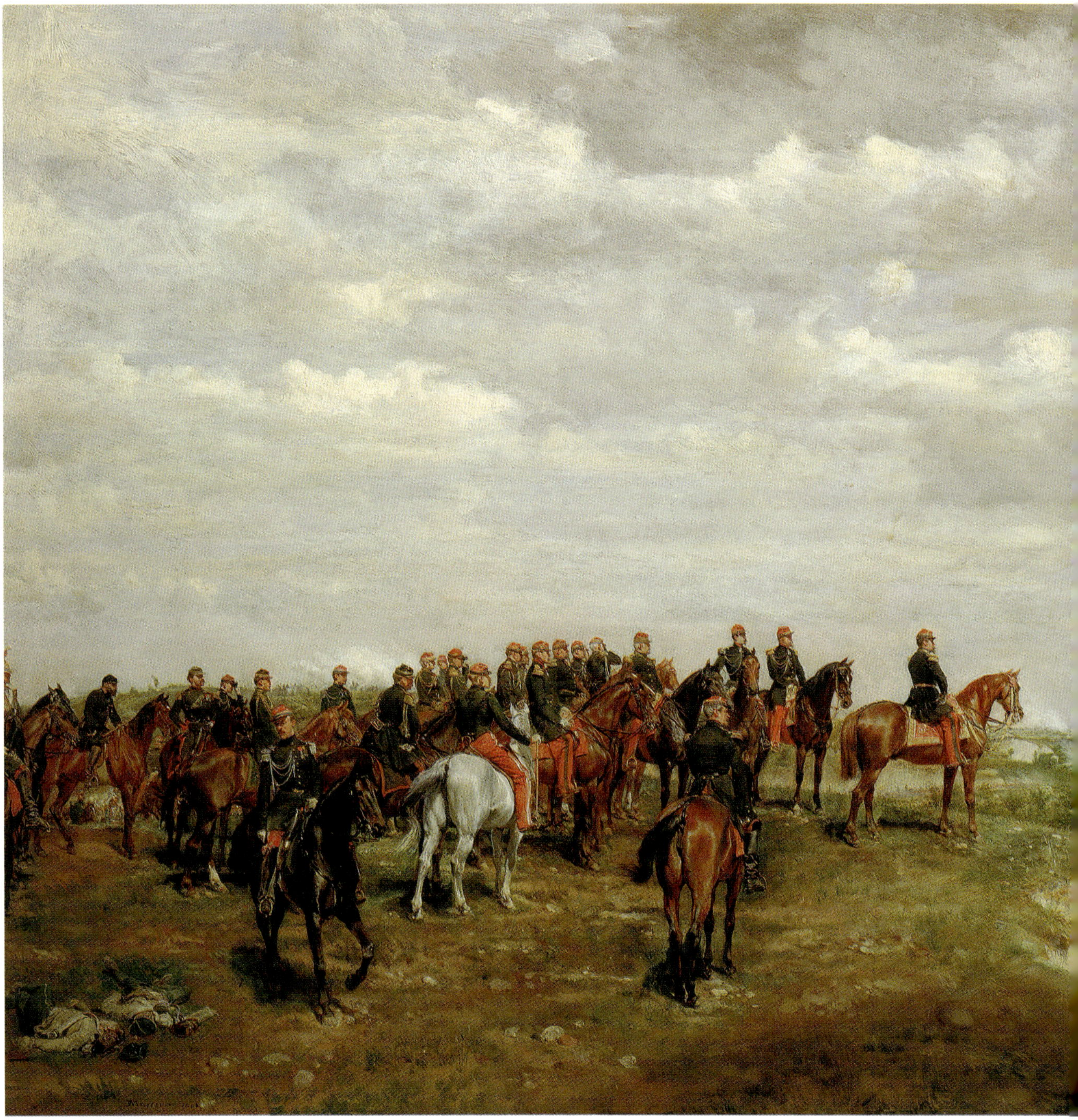

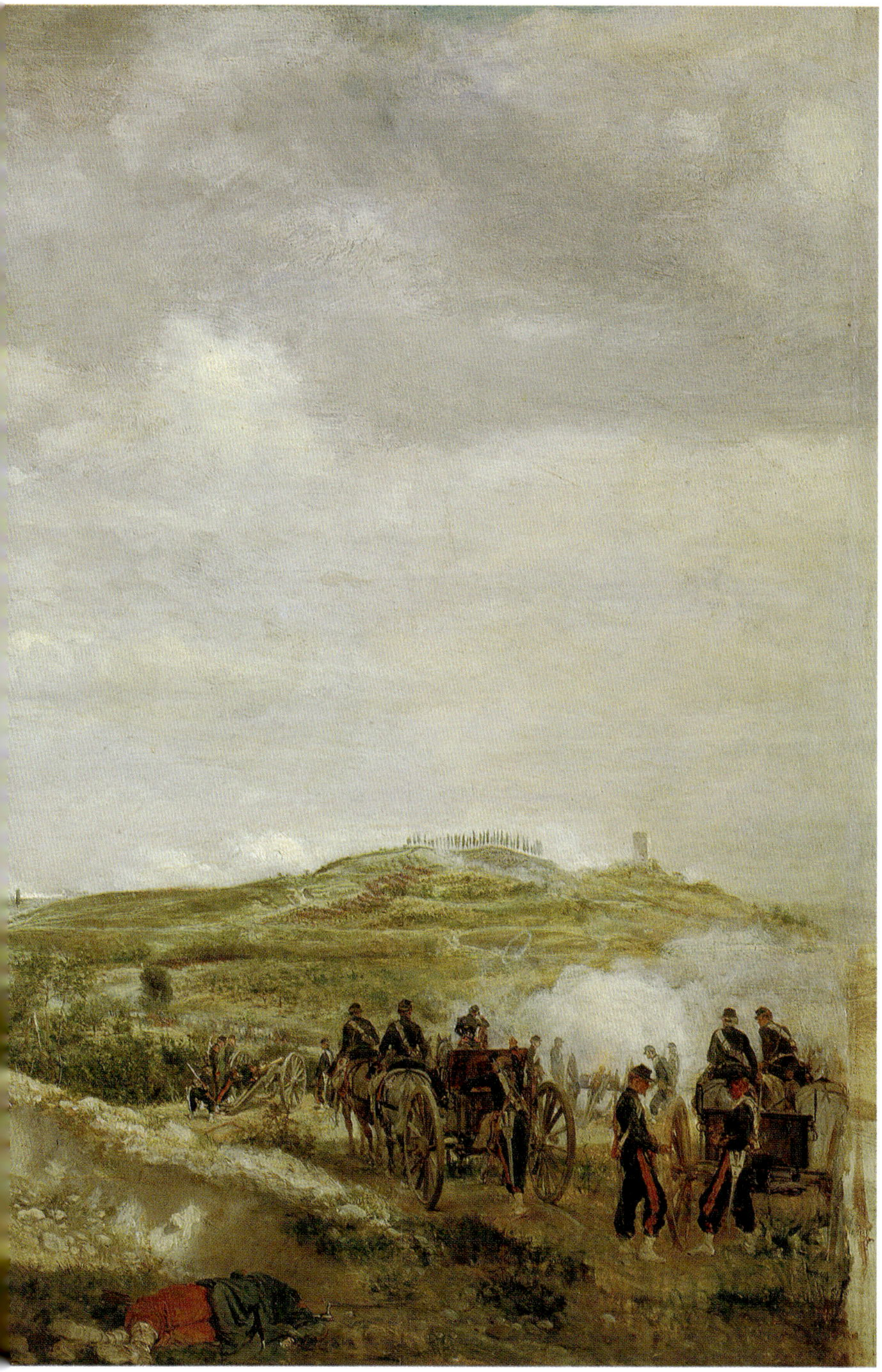

In diesem Bild sehen Sie einen heroischen Augenblick dargestellt: *Napoleon III. bei der Schlacht von Solferino.* Eine dramatische Wende vollzieht sich. Eine Landschaft; man sieht Napoleon auf dem Pferd, die Offiziere, dahinter tobt die Schlacht. Man sieht nicht viel, aber man weiß genau, das ist der Moment! Hier ist auf den ersten Blick klar, dass etwas hereingeholt ist in das normale Geschehen, das würdig ist. Das wird so deutlich gemacht, dass man sofort sieht, um was es sich handelt. Es gibt kein Verwechseln. Es sind *viele* Einzelporträts in diesem Bild in Miniaturform wiedergegeben. Verzeihen Sie das Tempo, aber Sie können ja viel schneller blicken und verstehen als ich reden kann.

7 | Ernest Meissonier
Napoleon III. bei der Belagerung von Solferino, 1863

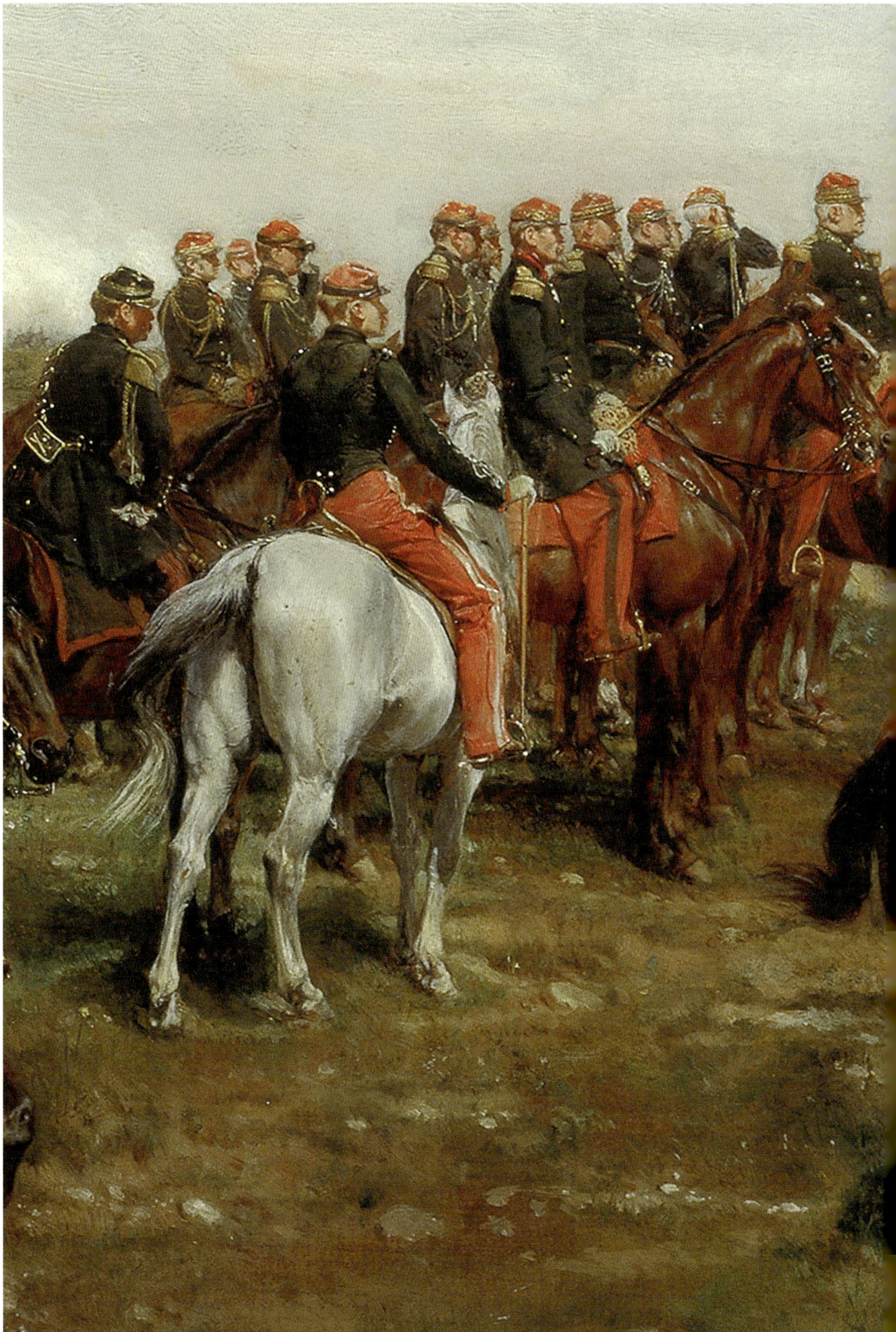

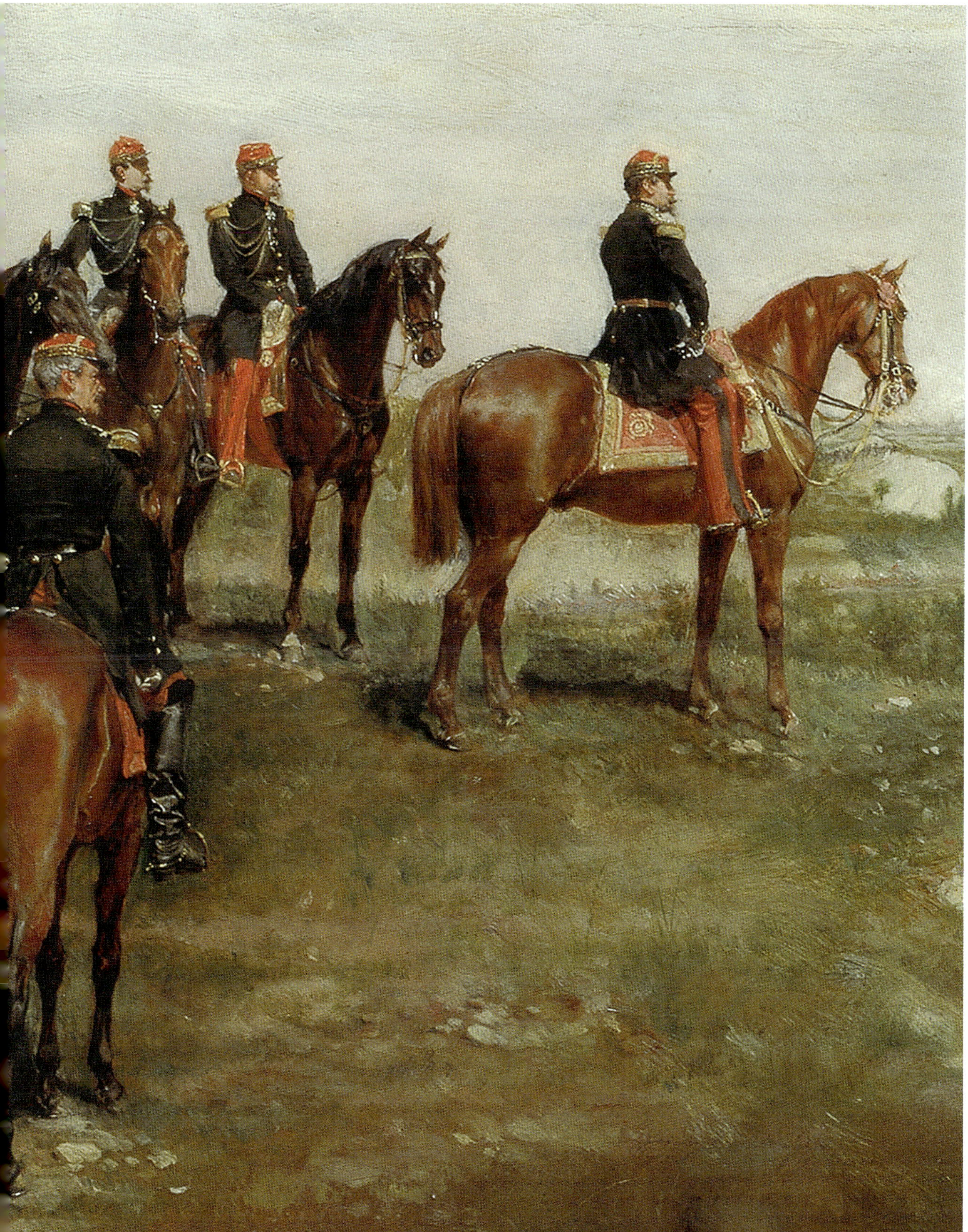

In diesem Gemälde sehen Sie, dass das Ereignishafte wieder aufgegriffen und mit einem würdigen, heroischen Augenblick im Mythos verbunden wurde. Die *Dantebarke*, Dante und Virgil in der Unterwelt. Ein Geschehenshöhepunkt, der den Sinn hat, nicht nur die äußere, sondern auch die innere Wirklichkeit ganz realistisch darzustellen. Es gibt also kein Vertun mehr.

8 | Hans Makart
Dante und Vergil im Inferno, um 1863/1865

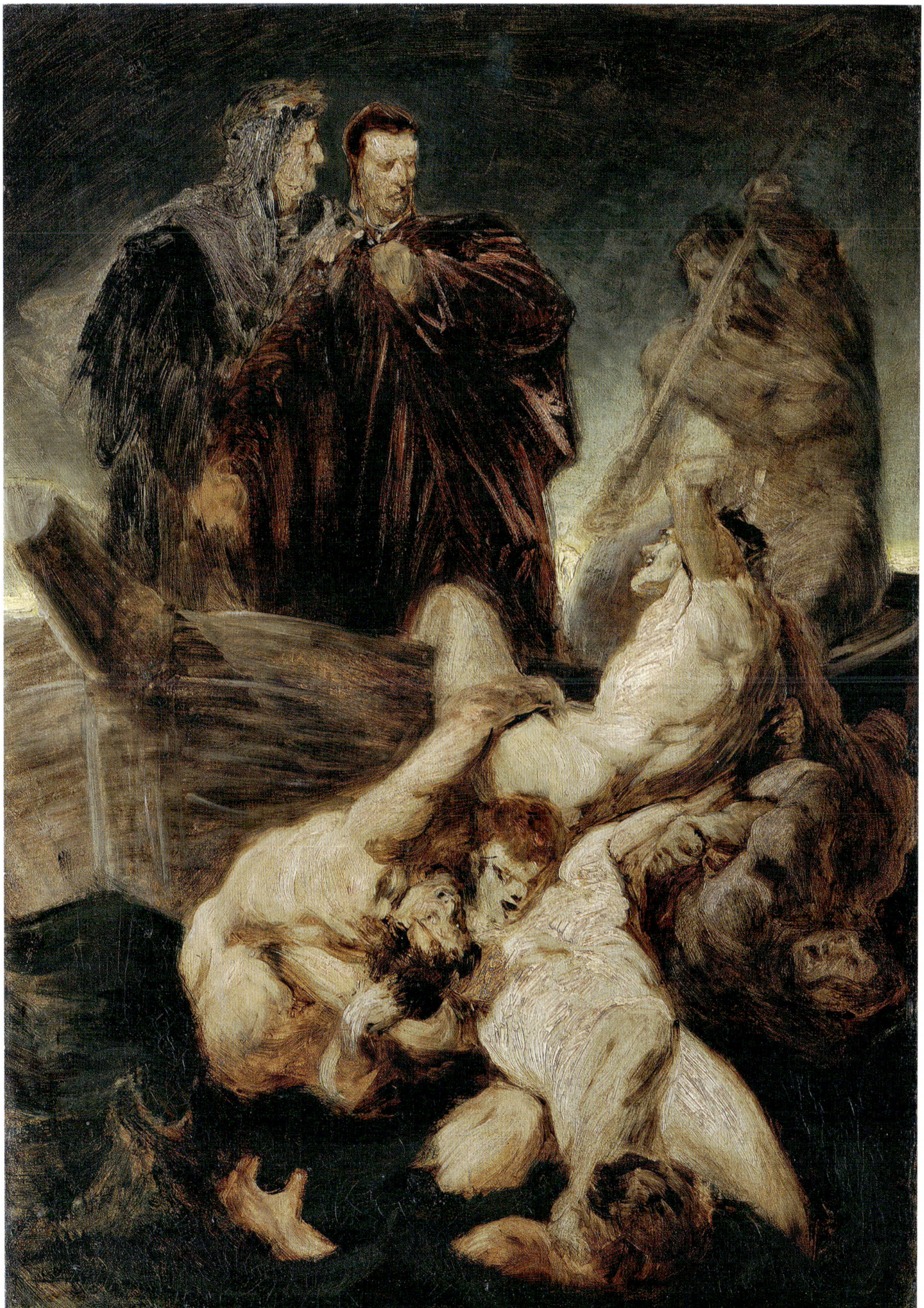

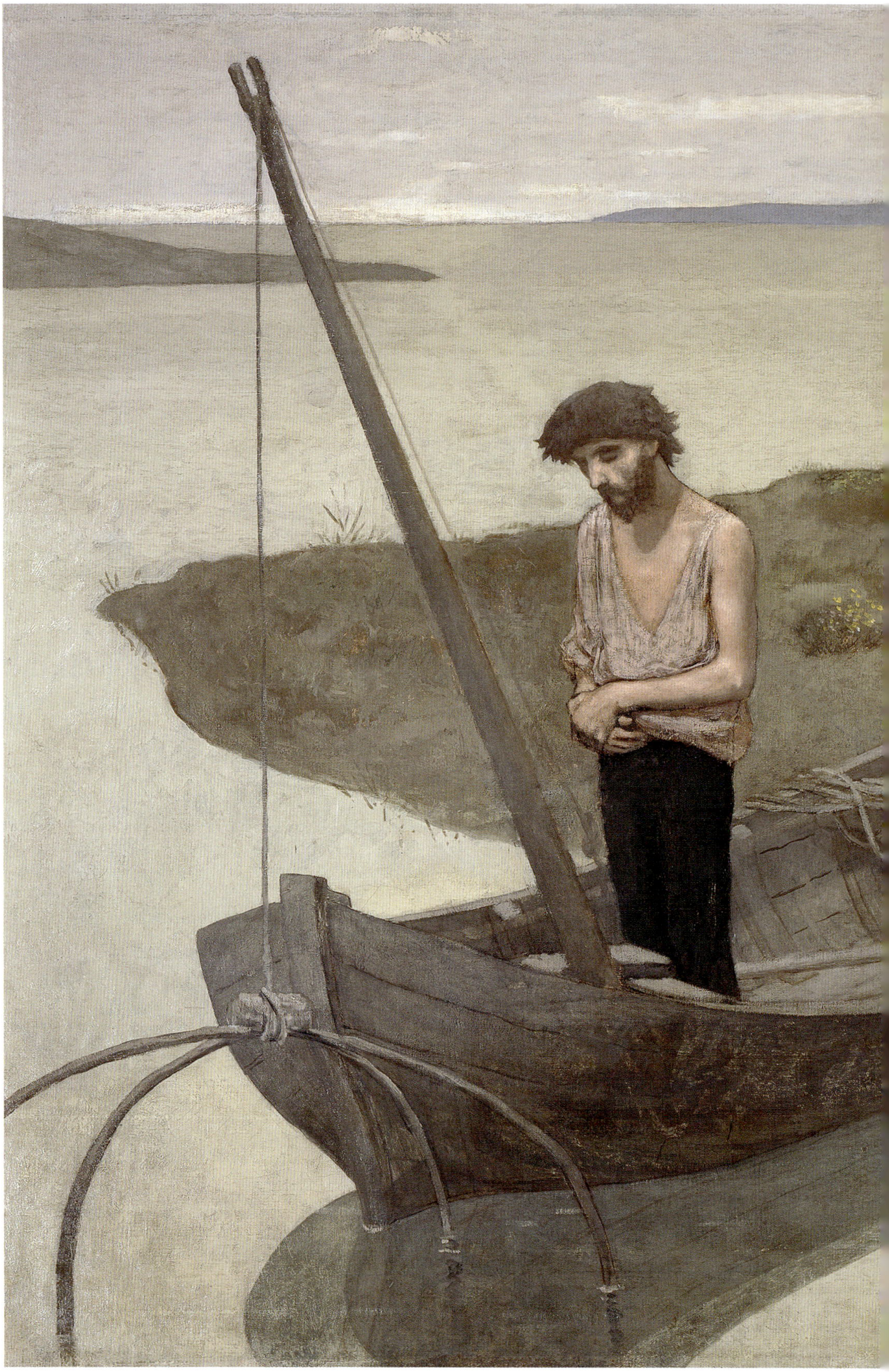

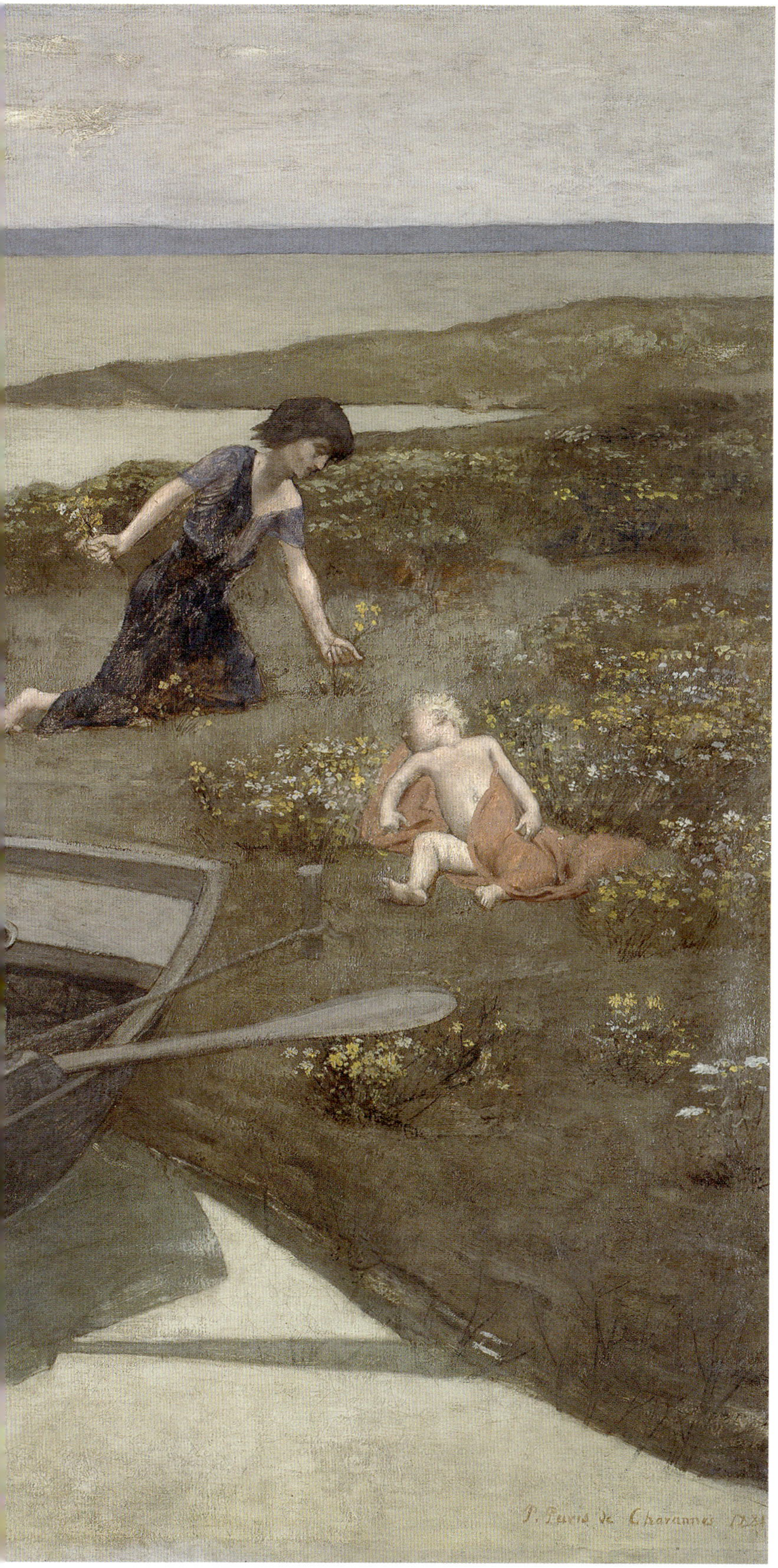

Was im 19. Jahrhundert eine entscheidende Rolle spielt, ist eine sehr detailgetreue, sehr realistische Darstellung. Man meint, diese hätte sozusagen einen hohen Wirklichkeitsgrad und sie wird nun wieder eingefügt in eine spezifische Stimmung. Die im Bild dargestellte reale Welt wird so geordnet, dass sie über diese hinaus etwas zeigt, was auf ein Geistiges verweist – also diese wunderbare S-Linie, dieser schräge Mast, diese herunter gesenkte Reuse, der fromme Fischer, der da wie im Gebet seinen Blick senkt. All das kommt aus dem realen Bild auf einmal mit. Man sagt durch die physische Wirklichkeit etwas über das Geistige und macht es dadurch unausweichlich fassbar.

9 | Pierre Puvis de Chavannes
Der arme Fischer, 1881

Um eine möglichst realistische Darstellung handelt es sich auch bei diesem Bild, das die Liebe zur Anschauung bringen soll. Man sieht hier zwei, die das offenbar gerade praktizieren, und hier noch die Vorfahren oder die Nachfahren, die vielleicht noch kommen. Sie sind im mystischen Hintergrund gehalten. Dazu das Gold links und rechts, die Rosen und das einander hingegebene Paar – peinlich real, aber so gemeint, dass immerhin dieser edle innere Trieb, ohne den es ja auch nicht weiterginge, jetzt versinnlicht wird durch eine außerordentlich sensible und realistische Malerei, die uns der frühe Gustav Klimt hier in seinem Gemälde vor Augen bringt. Und gerade die Diskrepanz wird immer deutlicher, dass also ein hoher, innerer Wert durch eine starke Realität, die dann aber auch wieder verschleiert wird, zum Ausdruck kommen soll.

10 | Gustav Klimt, **Liebe**, 1895

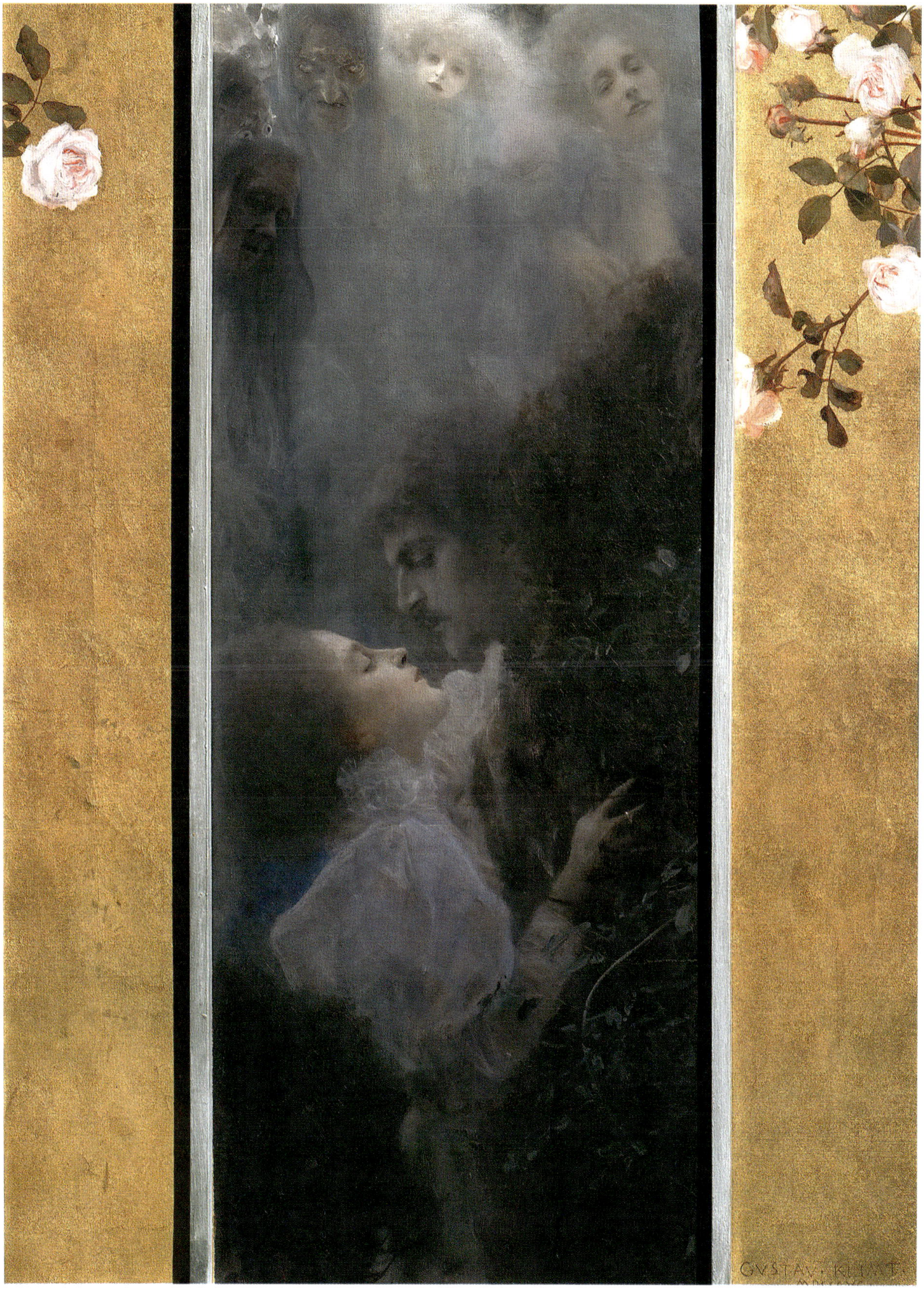

In diesem Bild sehen Sie einen weiteren Zug, der diese Malerei des 19. Jahrhunderts auszeichnet in dem Bestreben, durch ganz getreuliche, ganz deutliche Zeichnung etwas auszudrücken, was dann aber einen ganz anderen Sinn hat. So werden in diesem Gemälde nicht nur eine schöne Frau für sich dargestellt, nicht nur der Dornauszieher, dahinter die dahinter die Göttin der Weisheit, der Strategie und des Kampfes, Pallas Athene von Phidias und im Hintergrund der berühmte, die griechische Idealität verkörpernde, kolossale Frauenkopf der Juno Ludovisi. Das alles zusammengenommen ist die Allegorie der Plastik. Es gibt kein Ausweichen. Es wird durch eine starke Versinnlichung einer realen Darstellung, die man mit einem Blick fasst, auf einen anderen Sinn verwiesen. Die Sache meint sich nicht selbst, sondern mit der Realität dieses zitierten Zusammenhanges wird auf etwas verwiesen, was dahinter liegt und was gewiss anderer Natur ist als das, was ich sehe. So ist es auch, dass man dann darauf verfallen ist, dieses symbolisierende Etwas mit emotionalen Elementen aufzuladen, wie zum Beispiel in Franz von Stucks Gemälde *Die Sünde*.

11 | Gustav Klimt, **Allegorie der Skulptur**, 1889

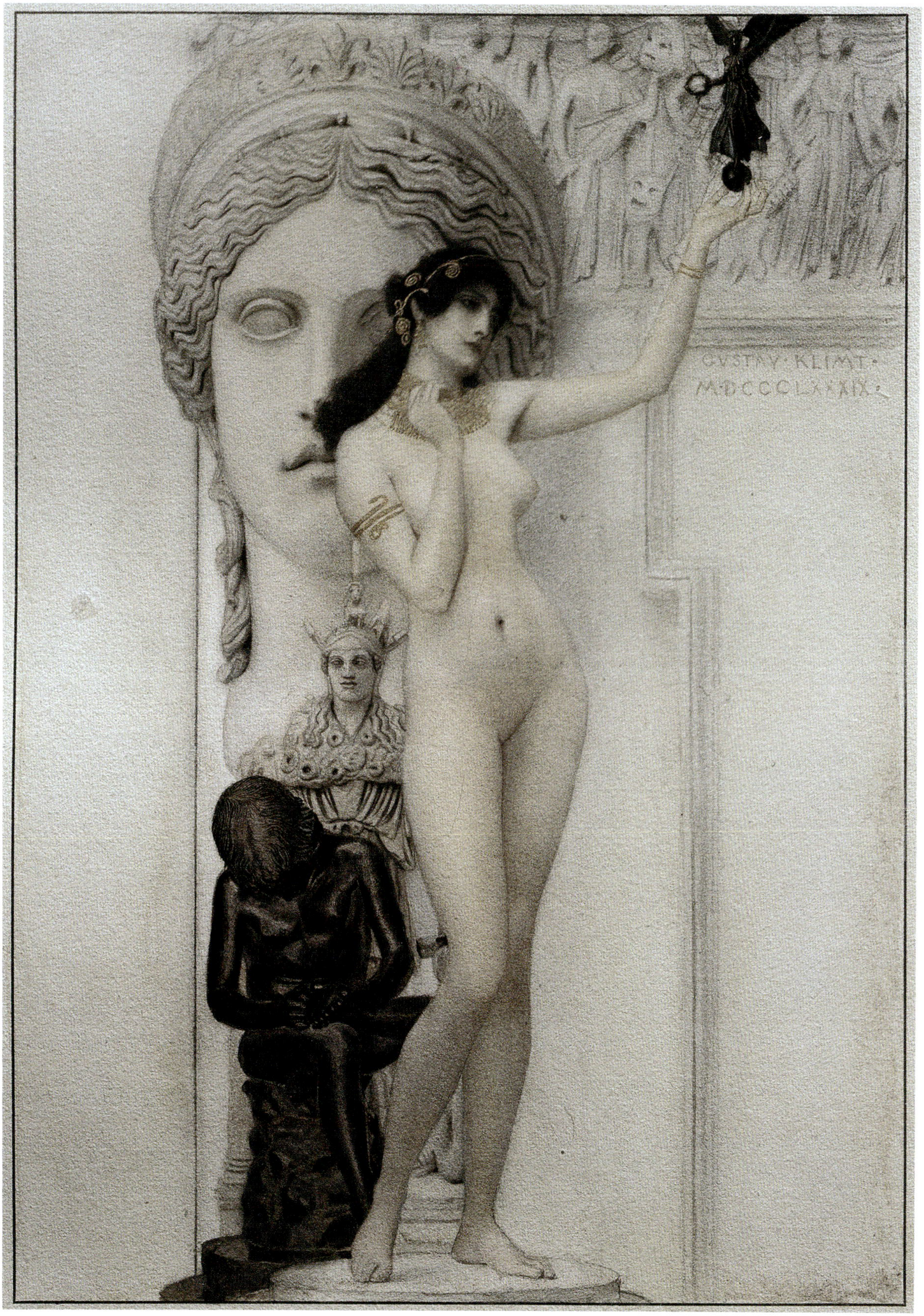
GVSTAV · KLIMT ·
MDCCCLXXXIX

Sehen Sie, wie schön hier der Bauchnabel und die Brüste aus dem Schwarz heraus blenden? Das Gesicht dieser Frau ist so verschattet, dass man nicht weiß, ob es nicht selbst schon schwarz ist. Und dann sehen Sie hier den Kopf einer Schlange und ihren herum gewundenen Leib. Es wird sehr deutlich, wie sündig die Sünde ist. Und trotzdem wird hier auch angespielt auf den unmittelbar dinglichen Reiz, den dinglichen Abscheu oder Appell, den eine Sache hat.

Wenn wir diese Schlange hier ernst nehmen würden, so würden wir ihr nicht gerade unseren Finger in die Schnauze stecken wollen, was den pornographischen Effekt einer Annäherung hätte. Wir wissen, dass wir es hier mit keiner Wirklichkeit zu tun haben, und doch erzeugt das Bild einen solchen Anschein. Man fällt sozusagen darauf herein, das Ding als das zu sehen, wofür man es hält. Und zum anderen geschieht der Schrecken nicht dadurch, dass ein interessantes Bildmuster auftritt, sondern weil da ein Schlangenkopf auftritt, der so plastisch ausgemalt ist, dass er Angst erweckt.

12 | Franz von Stuck, **Die Sünde**, 1893

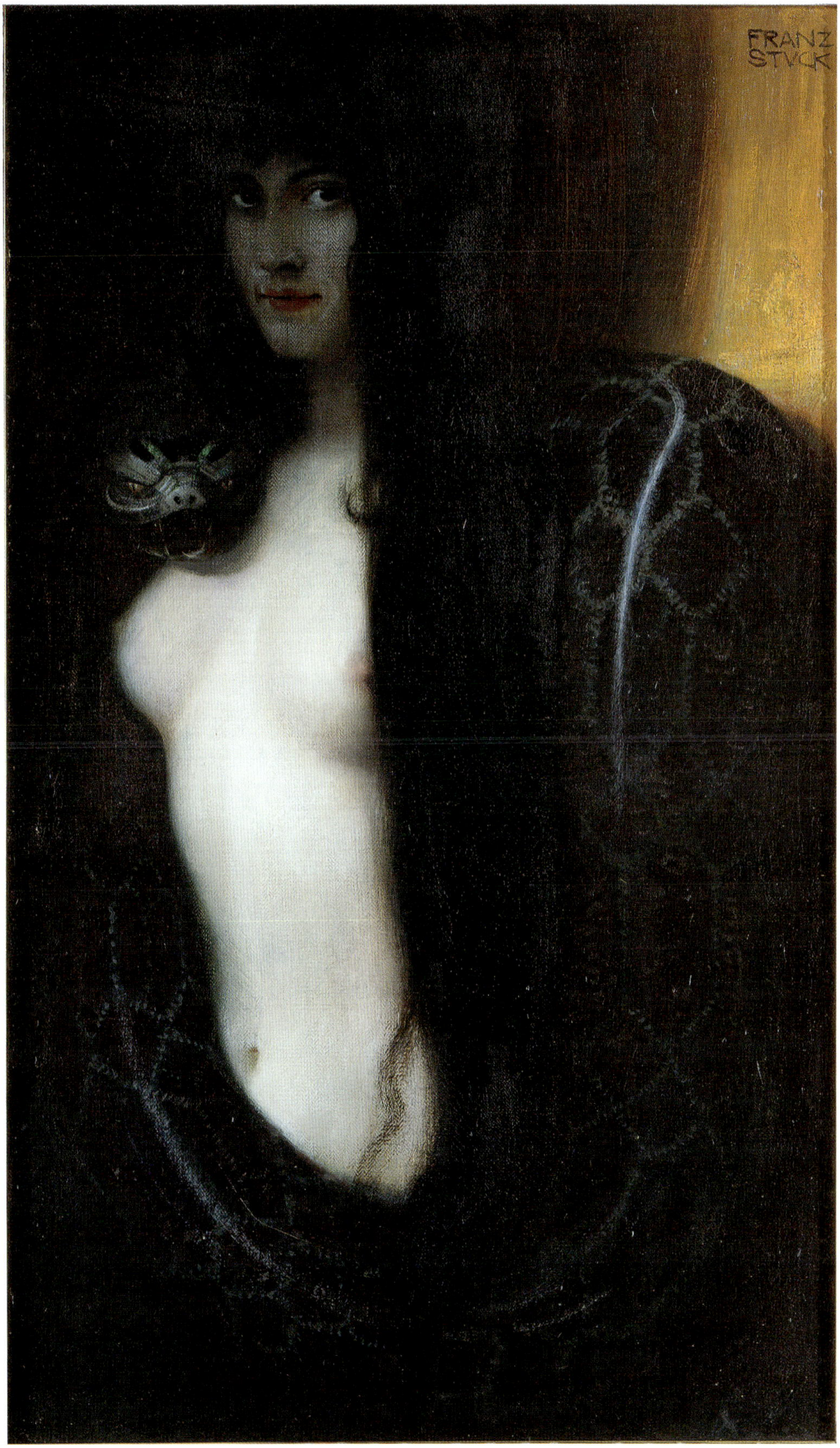
FRANZ
STVCK

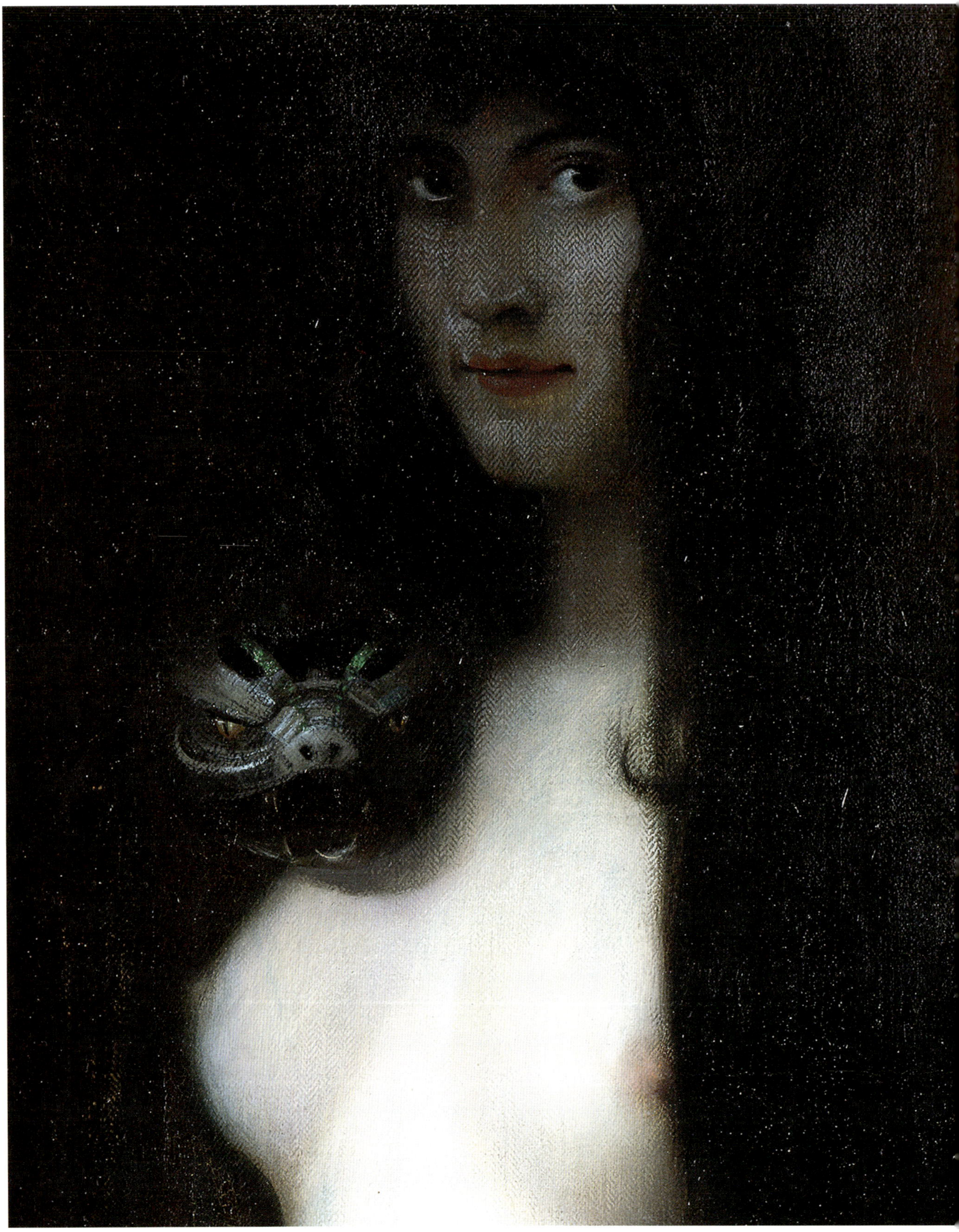

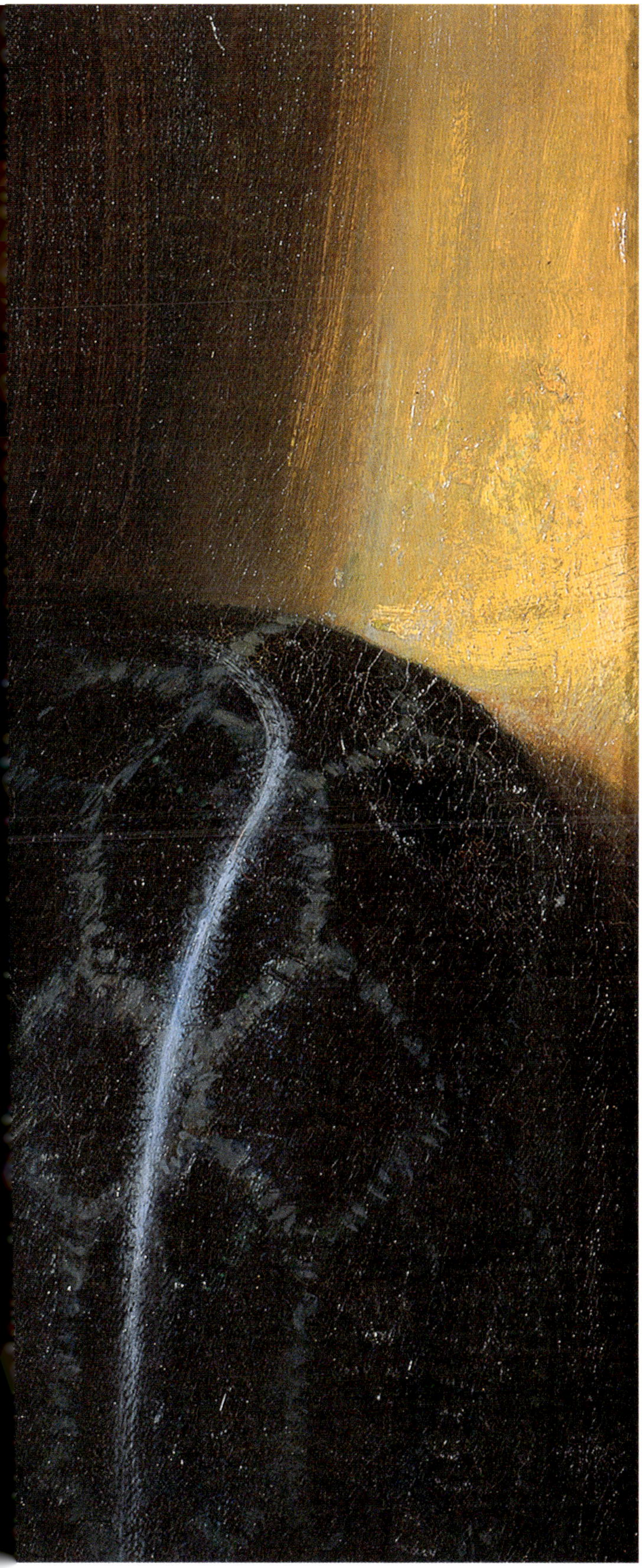

„Wenn wir diese Schlange hier ernst nehmen würden, so würden wir ihr nicht gerade unseren Finger in die Schnauze stecken wollen, was den pornographischen Effekt einer Annäherung hätte.“

In diesem Bild von Arnold Böcklin mit dem Titel *Die Pest* sehen wir, wie jetzt diese Krankheit, die alle vernichtet, in Fabelfiguren hineingegossen wird. Sie werden wiederum so dargestellt, als seien sie wirklich. Abgesehen davon, dass später im Surrealismus daran angeknüpft wurde, ist es zunächst so, dass in eine Perspektive und in eine räumliche, reale Darstellung Werte eingebracht werden, die ein Pseudoerlebnis entstehen lassen, als sei diese Welt, die auf Krankheit hinweist, nun auch so antreffbar, dass selbst das Spirituelle unmittelbar, wie materialisiert, erscheint.

13 | Arnold Böcklin, **Die Pest**, 1898

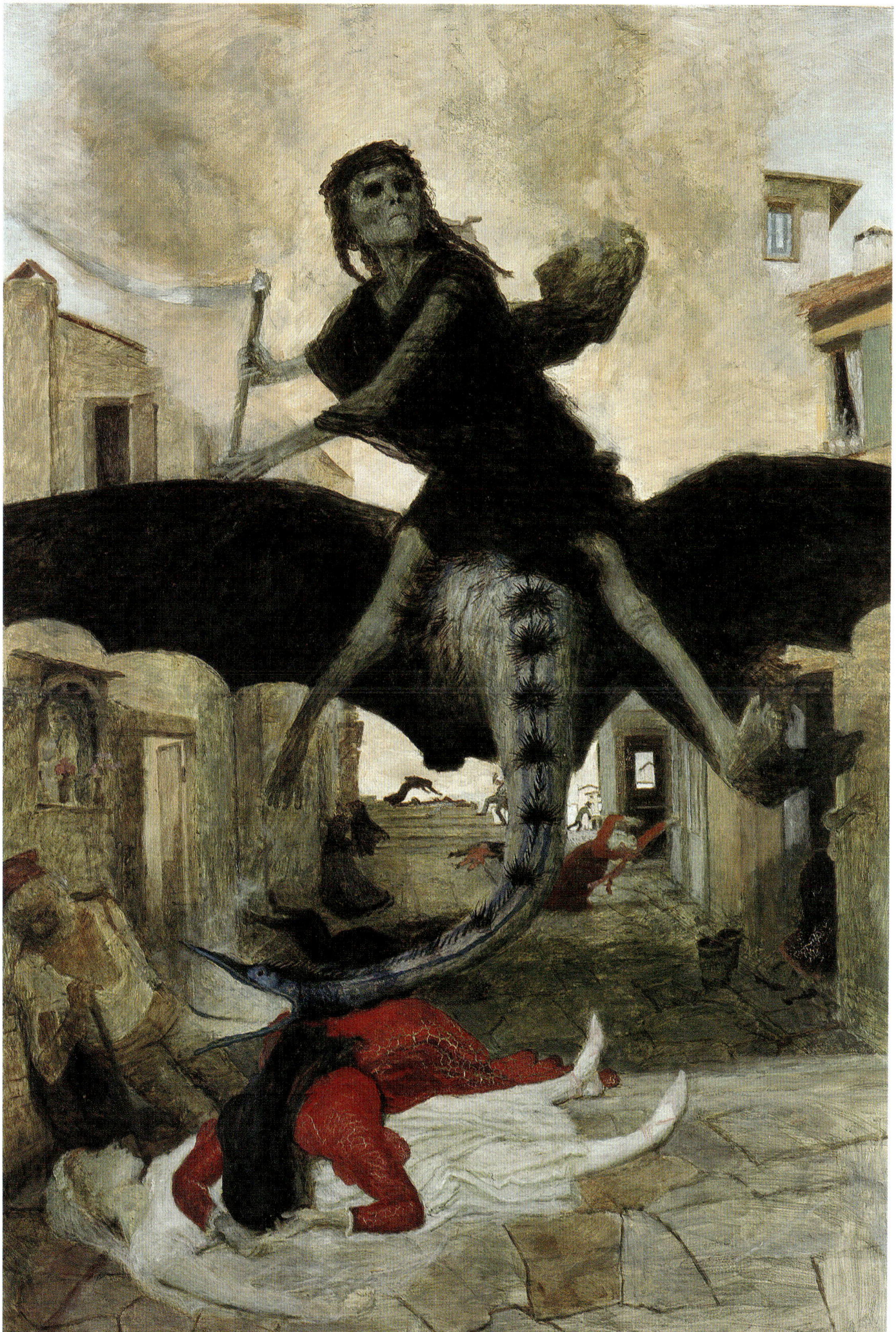

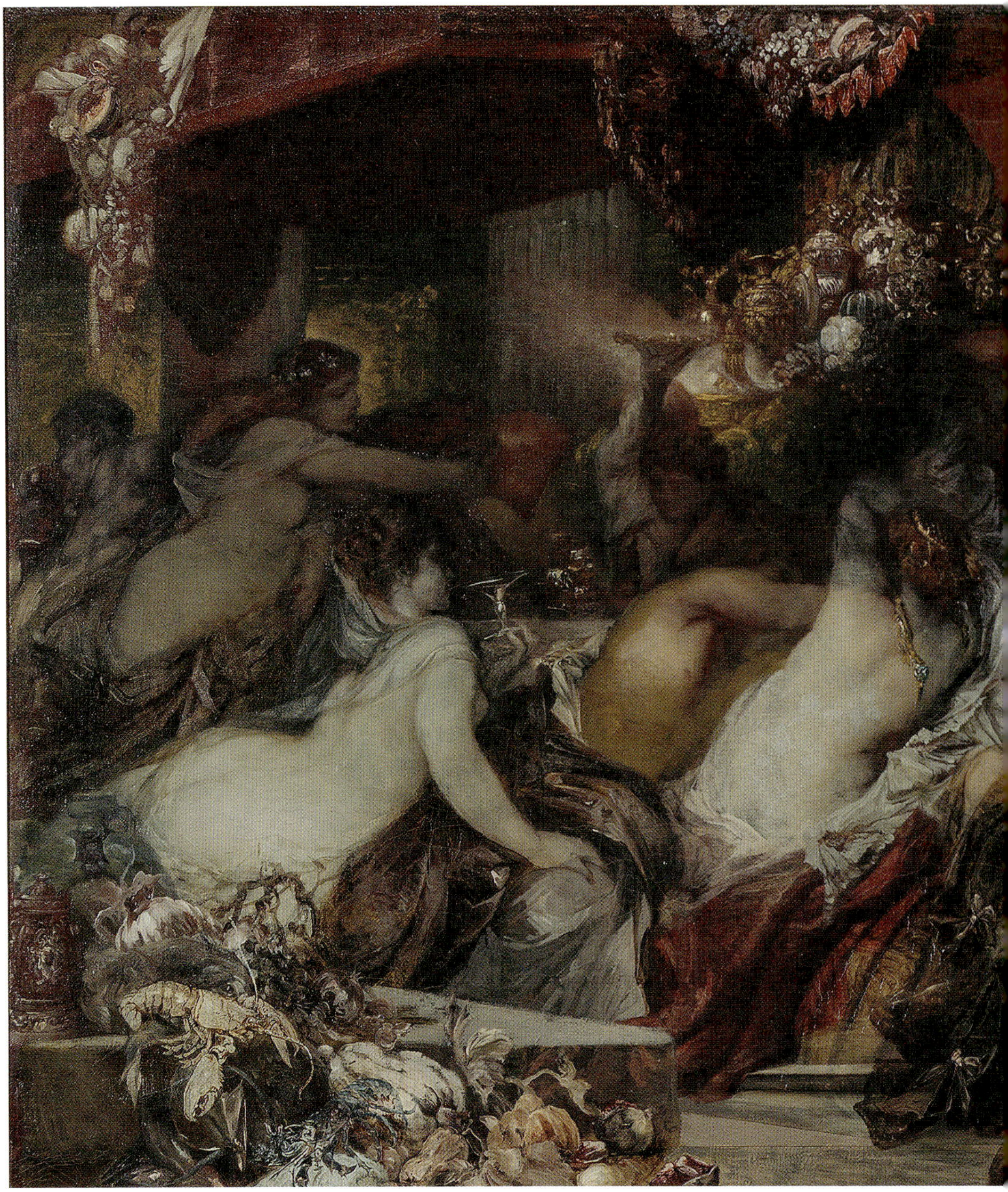

Sie sehen, wie rasch man gehen kann, wenn es nur um das Verstehen geht. Von Hans Makart hatten wir ja schon vorher etwas gesehen. In diesem Gemälde mit dem Titel *Die Pest in Florenz* kann man sehen, wie eine Orgie gefeiert wird. Wir sehen auf der linken Seite Früchte, Blumen und Frauen, die es miteinander treiben. Es ist also ganz schrecklich. Doch damit wird verdeutlicht, dass die wahre Pest nicht die Krankheit ist, die die Bevölkerung in Florenz reduziert hat und Boccaccio dazu veranlasste, seine Geschichten zu erzählen, sondern die Unmoral. Die wahre Pest ist unsere heutige

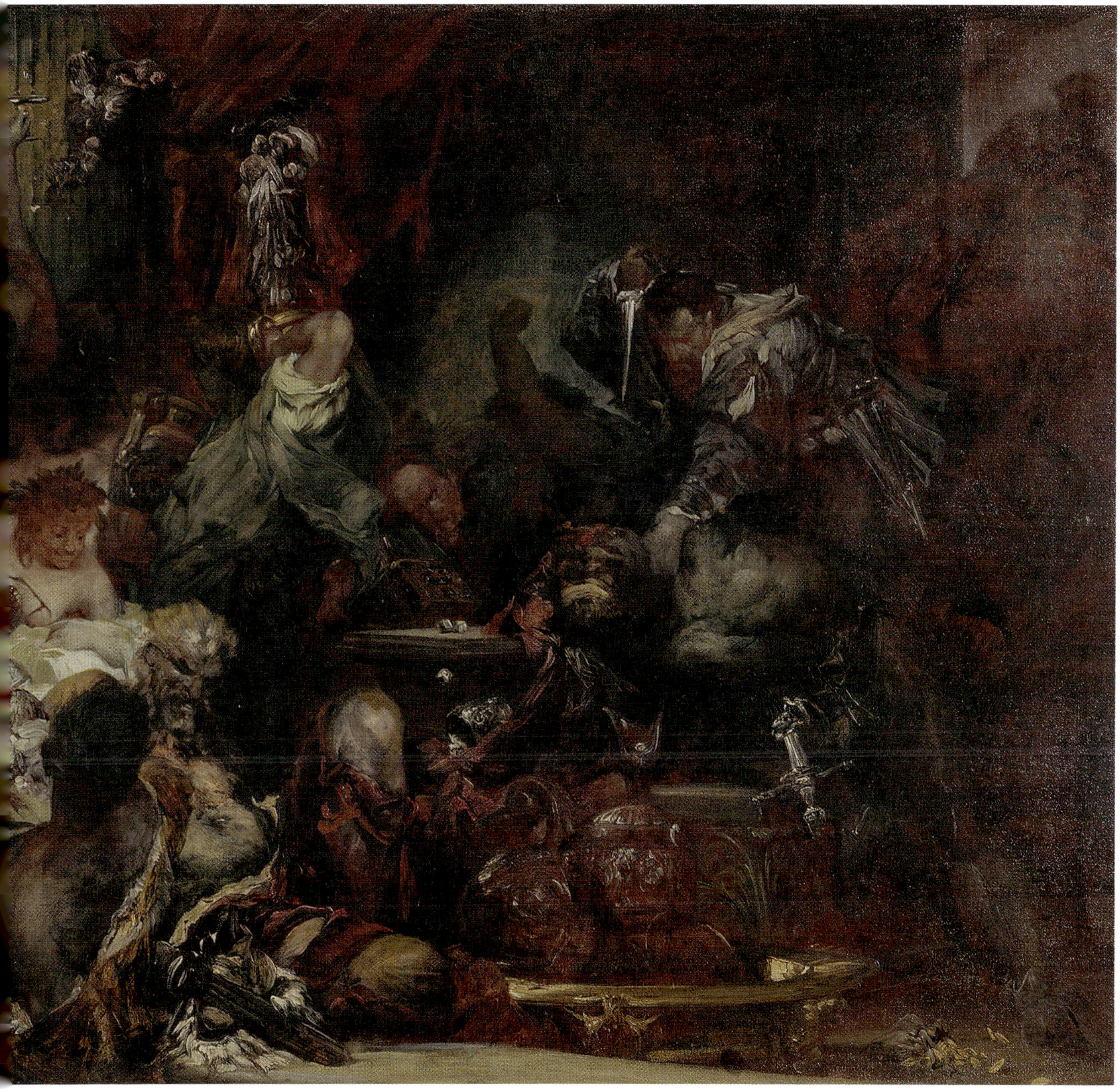

Gesellschaft. Es wird auf die Dekadenz in einem Sinnbild nochmal über das Sinnbild auf etwas anderes verwiesen – zweimal um die Ecke gedacht. Und dieses Element des doppelten Verweises legitimiert natürlich wunderbar, das Schrecklich-Kritisierte in Frieden und Freude auszubreiten.

Ich werde diesem Künstler furchtbar ungerecht, denn er hat ganz andere Seiten, aber nicht, wenn man ihn so anschaut.

14 | Hans Makart, **Die Pest in Florenz**, Teil III, 1868

Der Maler Charles Gleyre schuf dieses Gemälde der griechischen Dichterin Sappho. Gleyre war der Lehrer von Édouard Manet. Wenn Sie diese Frau auf dem Bild bitten, sich umzudrehen, dann reagiert sie nicht. Aber sie ist so realistisch gemalt, dass sie den Anschein erweckt, als könne sie es.

Man könnte wirklich glauben, das 19. Jahrhundert habe keine anderen Probleme gehabt als den Umgang mit der weiblichen Gestalt oder überhaupt damit, die Körperlichkeit immer wieder darzustellen. Diese Künstler haben damals die Salons gefüllt, sie waren sehr bekannt. Und die uns heute bekannten Maler des 19. Jahrhunderts waren damals mindestens so unbekannt wie es jetzt diese sind.

15 | Charles Gleyre, **Sappho** (Jeune fille dans un intérieur pompéien), 1867

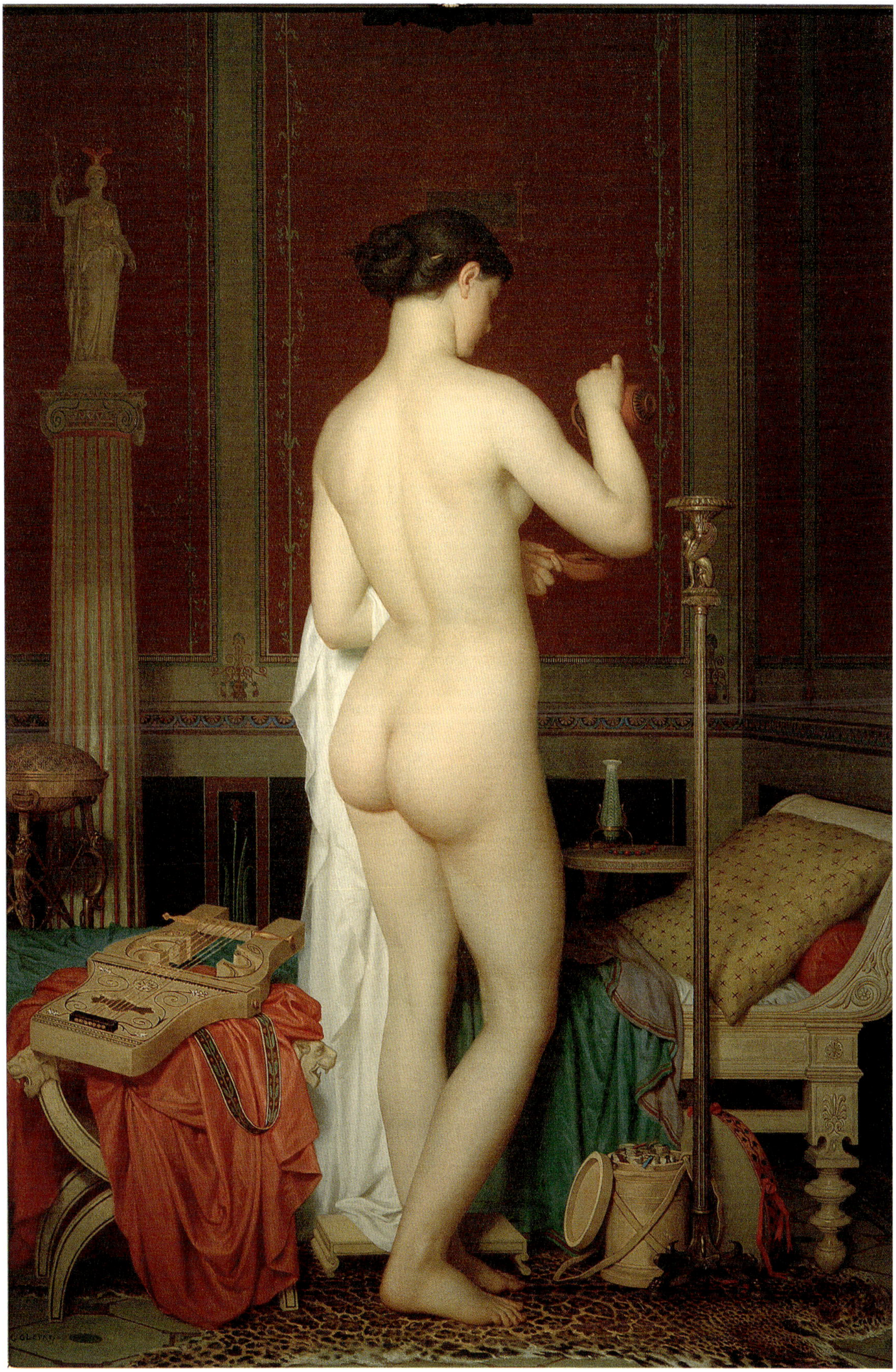

Ein anderes Beispiel ist die Darstellung *Satyr und die Nymphen* von William Bouguereau. Das ist natürlich nichts anderes als eine Verbrämung, ein Versuch, irgendwie noch gesellschaftlich zu rechtfertigen, diese Akte zu malen.

16 | Adolphe-William Bouguereau, **Satyr und Nymphen**, 1873

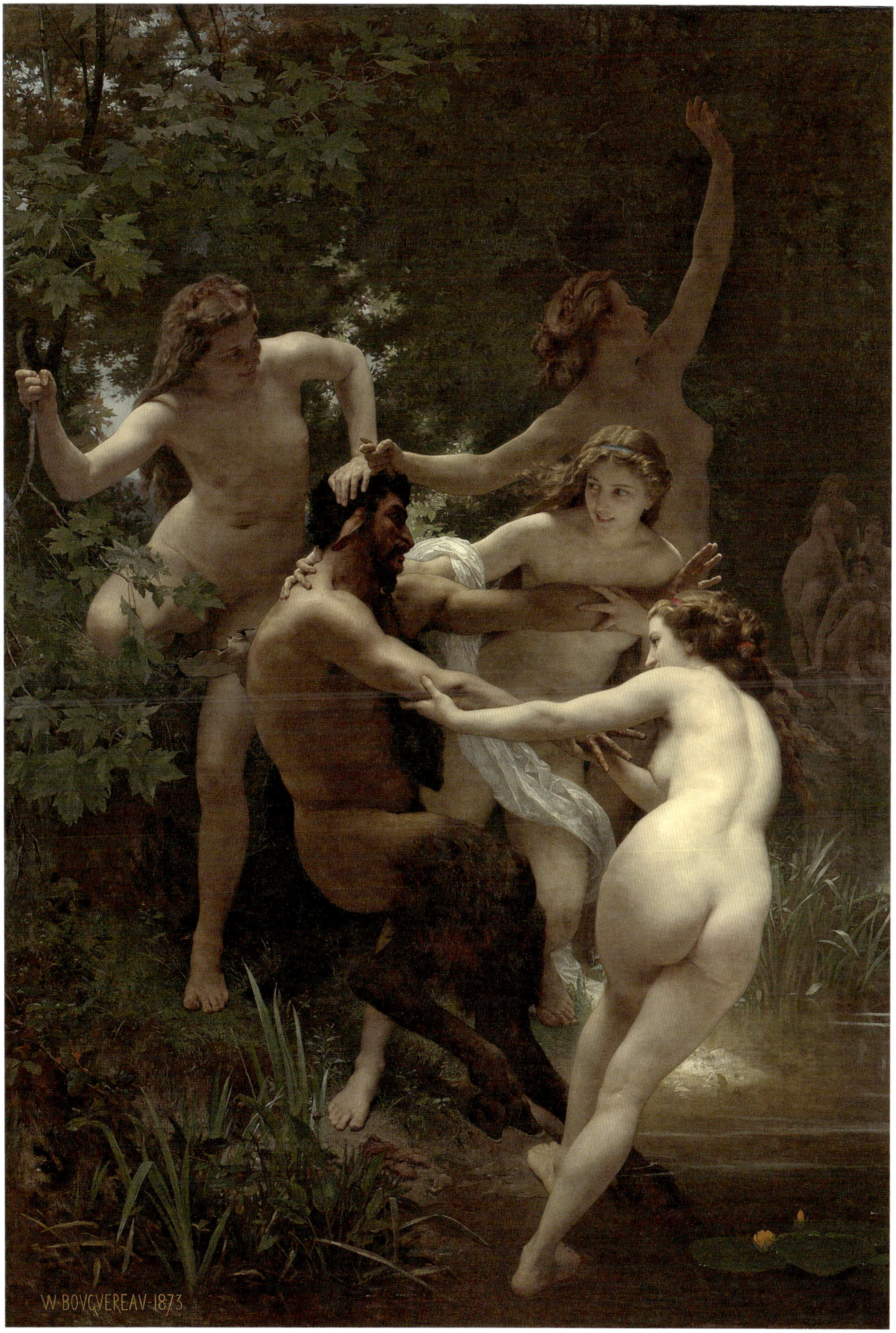
W·BOVGVEREAV·1873

Ein anderes Beispiel: Alexandre Cabanels *Geburt der Venus.* Das Gemälde wurde sofort nach der Fertigstellung – die Farben sollen noch nicht getrocknet gewesen sein – von Napoleon III. angekauft. Infolgedessen wurde Cabanel zum Professor ernannt, als jemand, der die offizielle Kunstmeinung vertrat. Eine wunderbare Gestalt. Sie sehen die herrlichen Konturen, die Engelchen. Das Ganze bildet ein herrliches Muster. Es ist nicht nur schön, sondern auch noch schön gemalt und erfüllt deshalb die Kunst in jeder Richtung. Und nun der deutsche Beitrag.

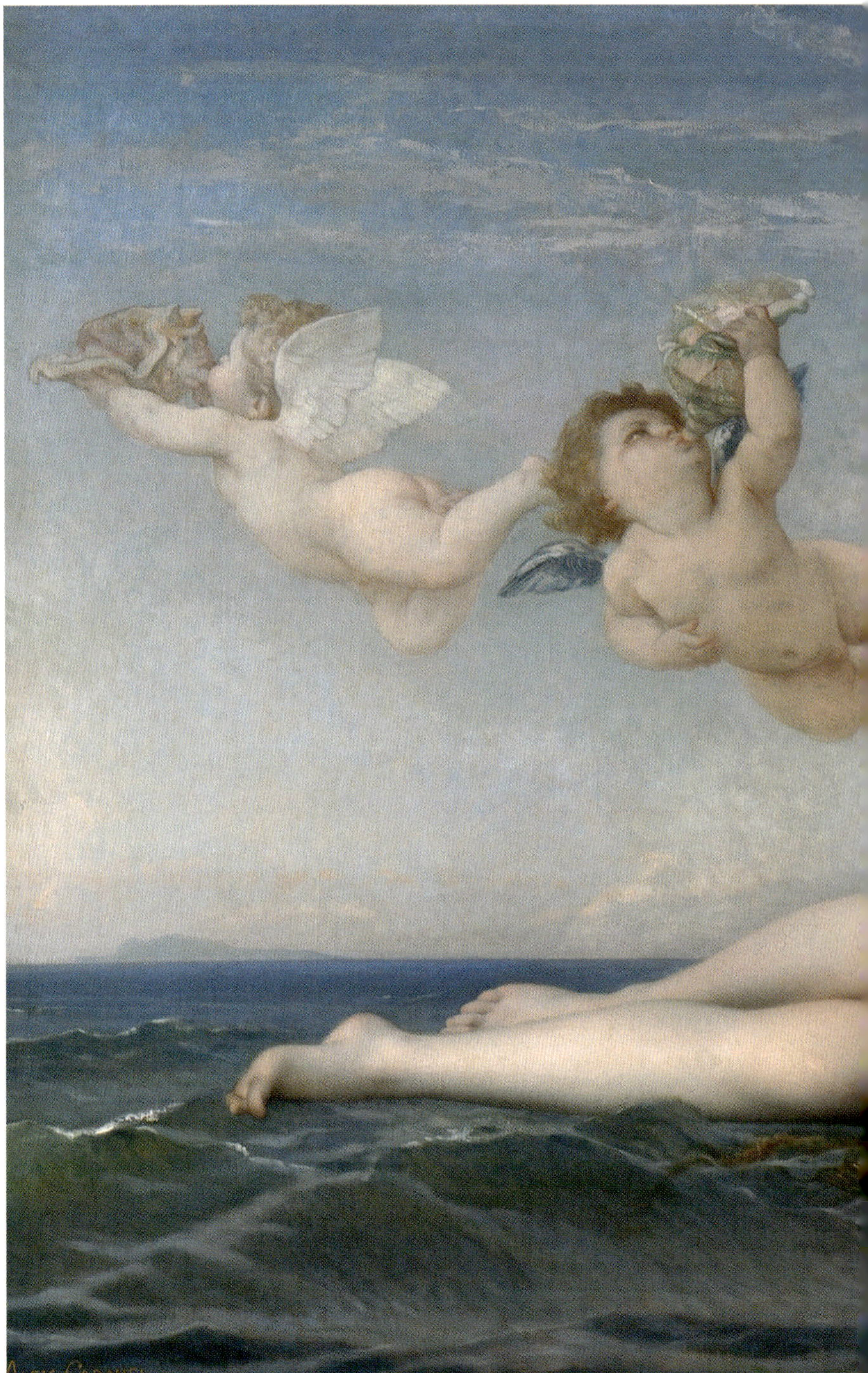

17 | Alexandre Cabanel
Die Geburt der Venus, 1875

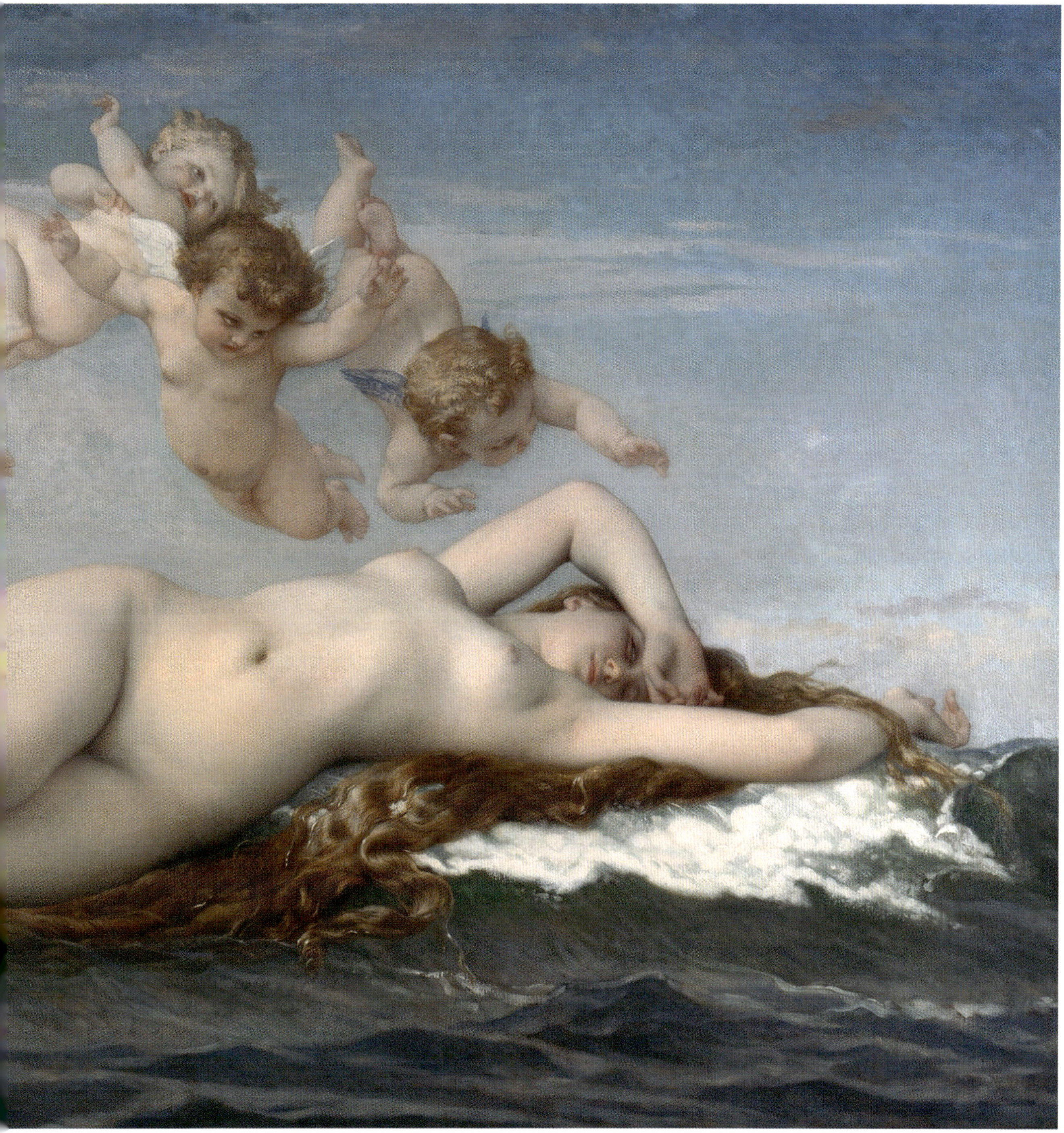

*„Ich will nur malen, was wahr ist,
und das hält man für hässlich, weil man
nicht mehr gewohnt ist, etwas Wahres
zu sehen.“*[19]

Wilhelm Leibl

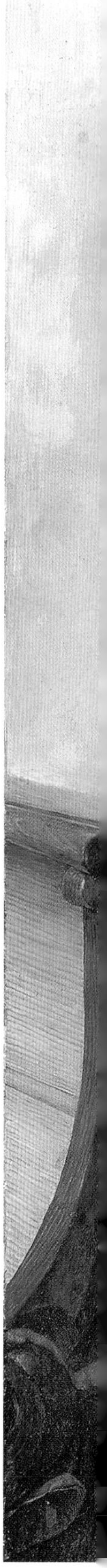

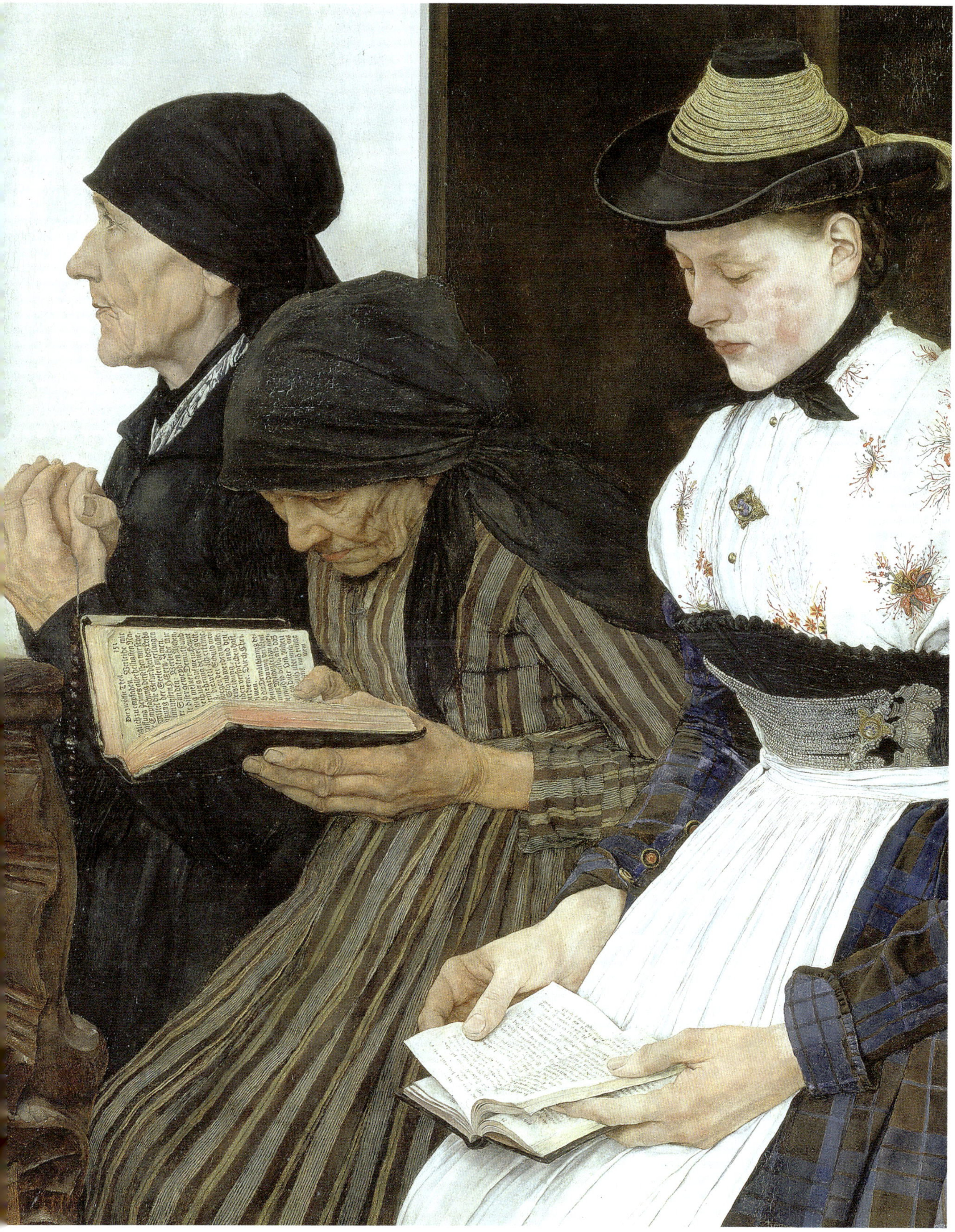

Wilhelm Leibls Gemälde ist etwas ganz anderes als die schöne Venus auf dem Wasser und man wird dem ganz ungeheuer ungerecht, wenn man es direkt danach betrachtet. Geht man darauf ein, was Leibl hier gemalt hat, entdeckt man das ungeheuer Selbstlose, denn der Maler malt so lange, bis man nicht mehr sieht, dass es gemalt ist. Während Cabanel nun seine Malerei so richtig herausstellt und sich sozusagen damit zeigt, tritt Leibl mit einer gewissen Frömmigkeit hinter sein Bild zurück und zeigt mit diesem Realismus: So ist es. Es ist nicht anders, es ist nur so.

18 | Wilhelm Leibl, **Drei Frauen in der Kirche**, 1881

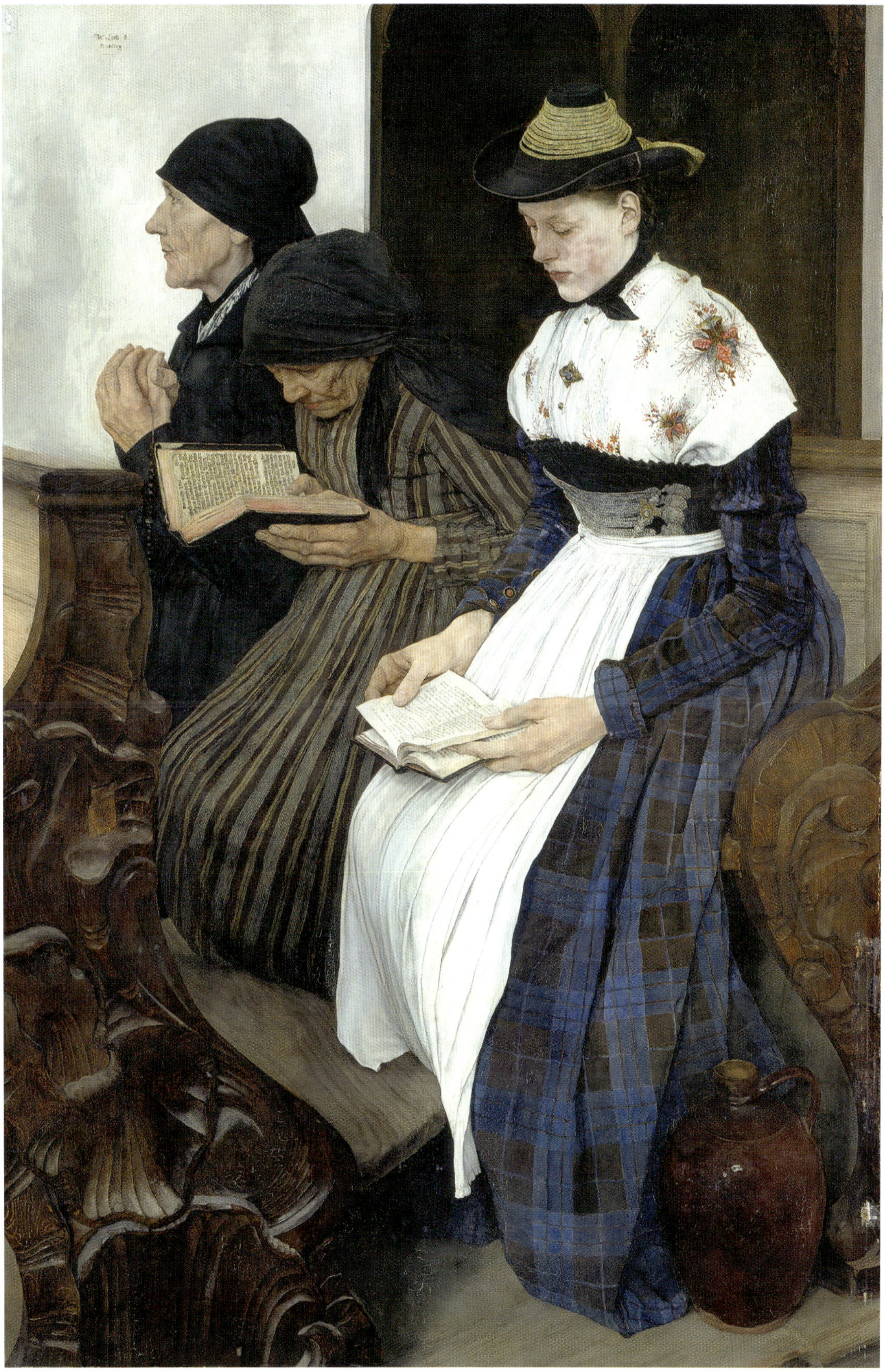

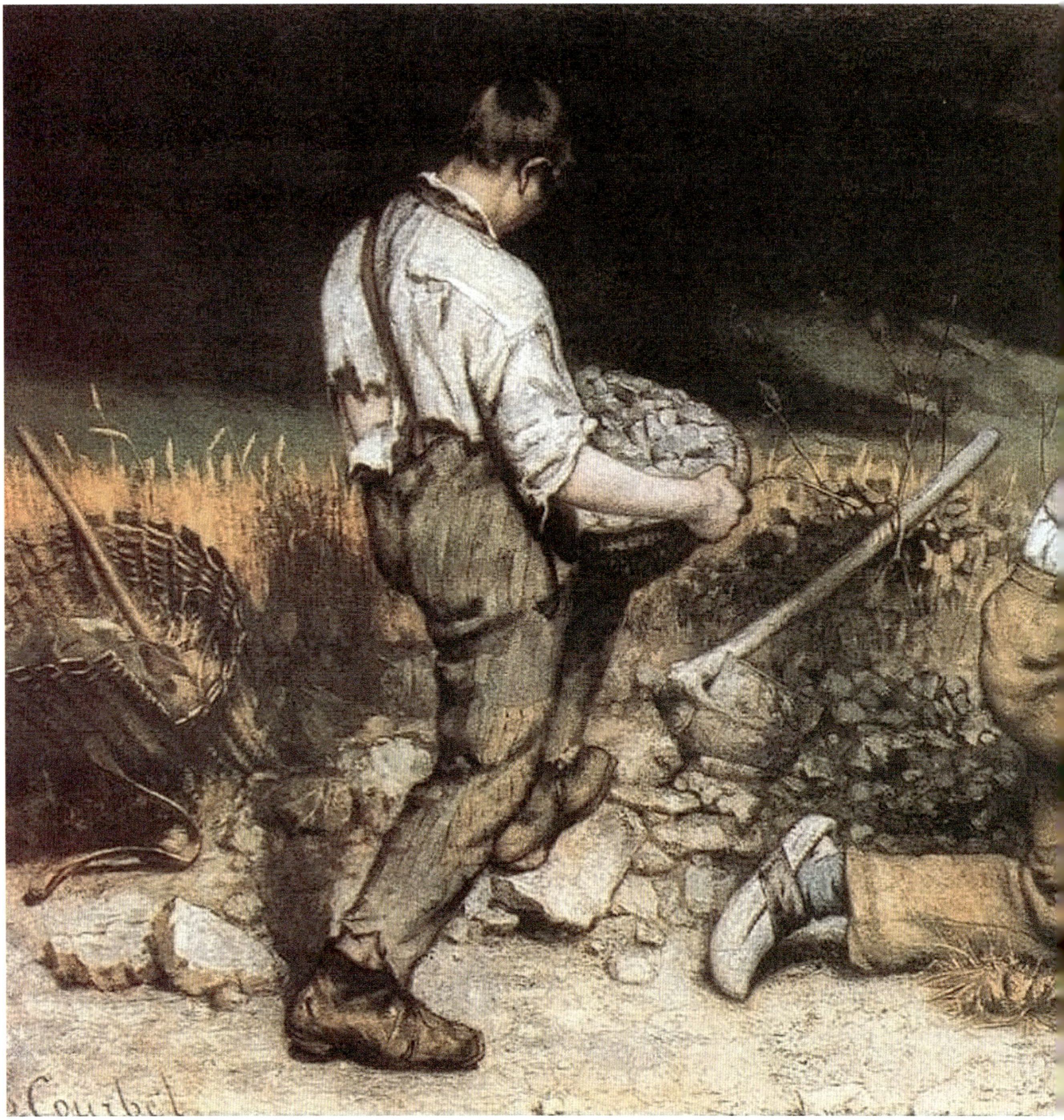

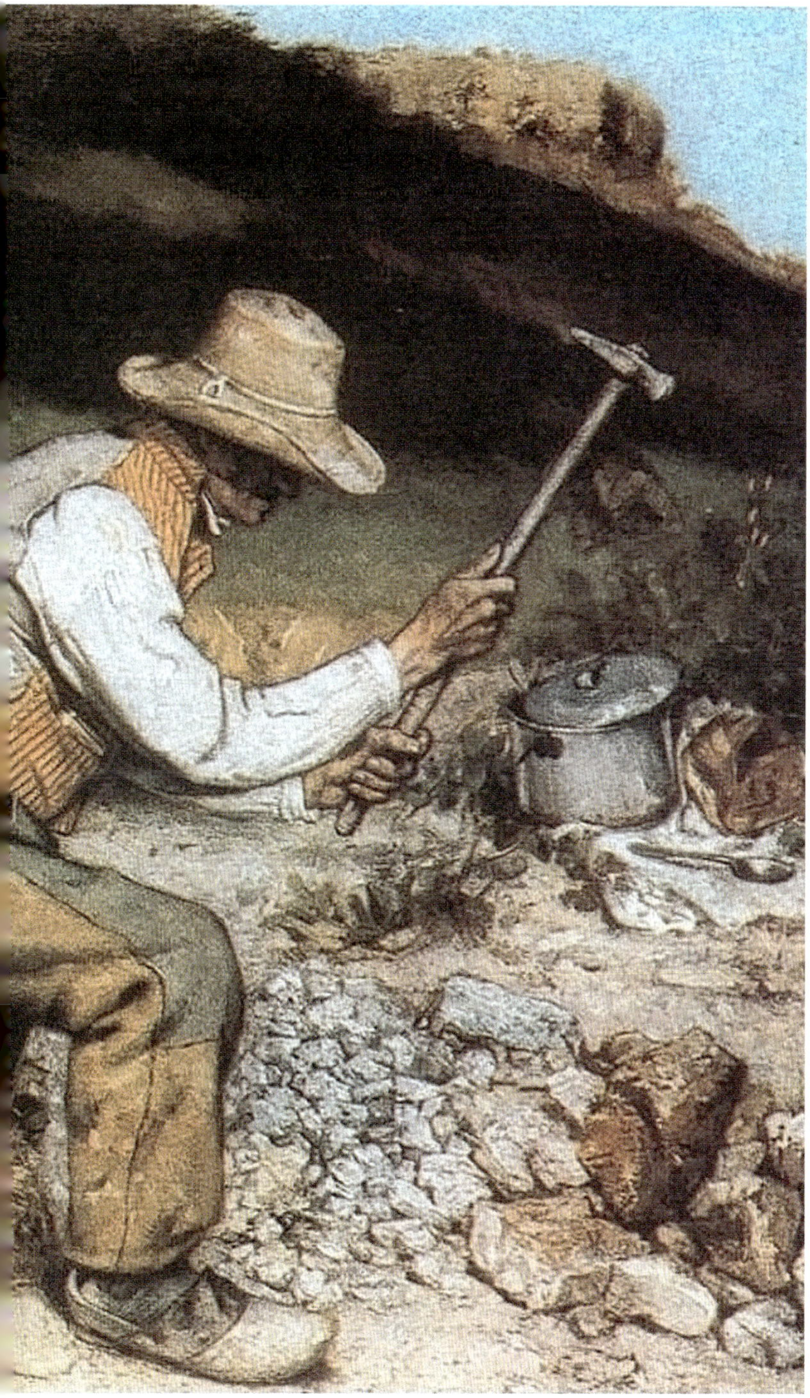

Einen ähnlichen Impuls gab es auch in Frankreich. Die berühmten *Steineklopfer* von Courbet, wo plötzlich die Wahl des Gegenstandes erschreckend profan war. Da hat man gesagt: „Nun gut, Courbet war ja ein Linker“. Und der wollte auf die soziale Situation aufmerksam machen und zeigen, wie zwei Generationen sich beim Steinezerbröseln selbst zerbröseln. Und dass man dem gewahr werden soll und dass das ein würdiger Gegenstand ist, nicht nur der schöne Frauenakt, der über allen Wolken schwebt, sondern hier die nackte Realität, das arbeitende Volk, der nicht reflektierende, wehrlose Arbeiter eingebettet in den Arbeitsprozess.

Der Appell: So ist die Welt – real. Hier gibt es kein Vertun mehr. Das ist die Realität: zwei Steineklopfer und sonst nichts. In dieser Richtung hat man eben im 19. Jahrhundert in der Malerei etwas gemacht, was man bis dahin noch nicht gemacht hatte. Man hat sie nämlich als echte Dokumentation verwendet.

19 | Gustave Courbet
Die Steineklopfer, 1849 (1945 zerstört)

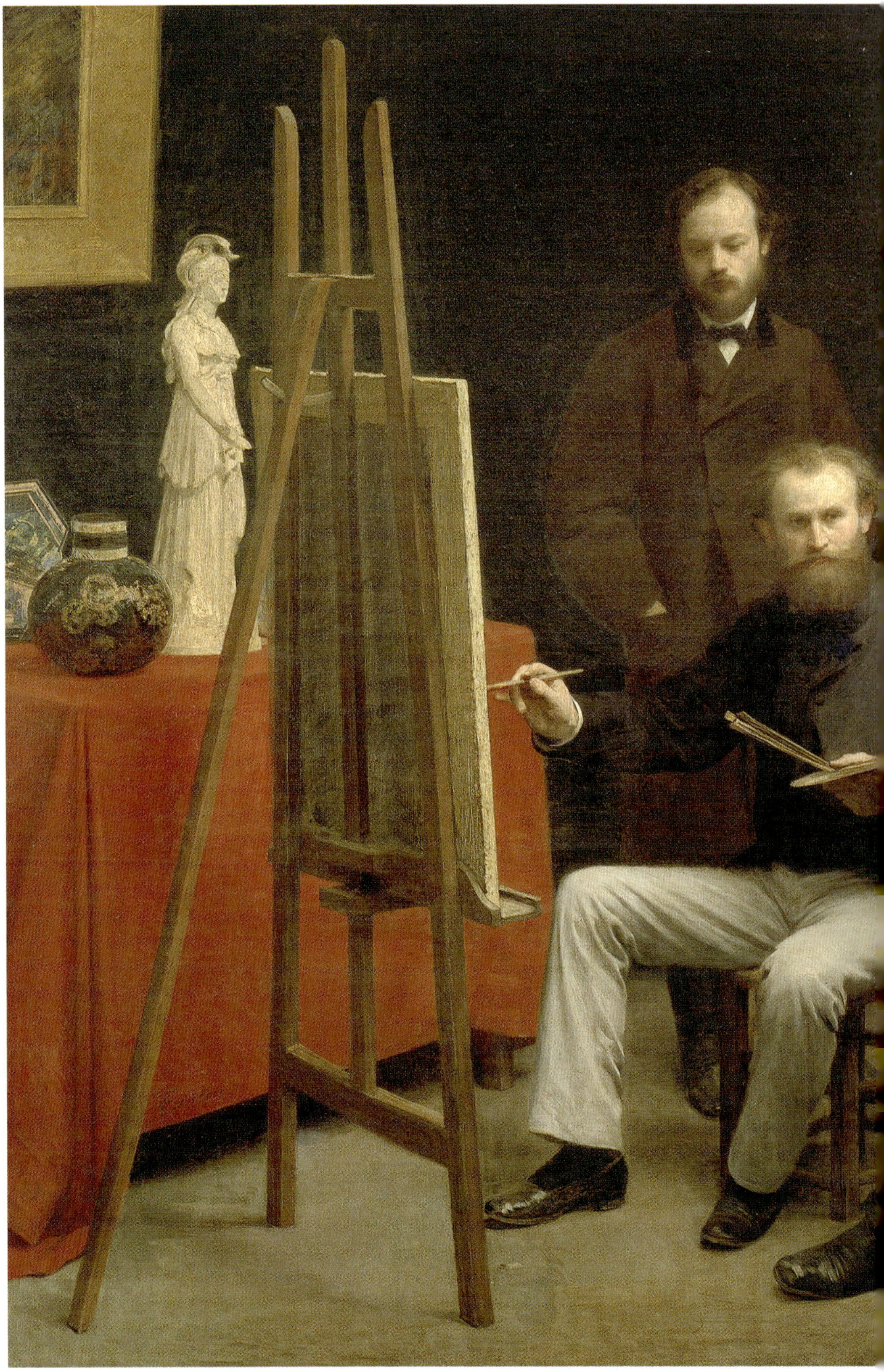

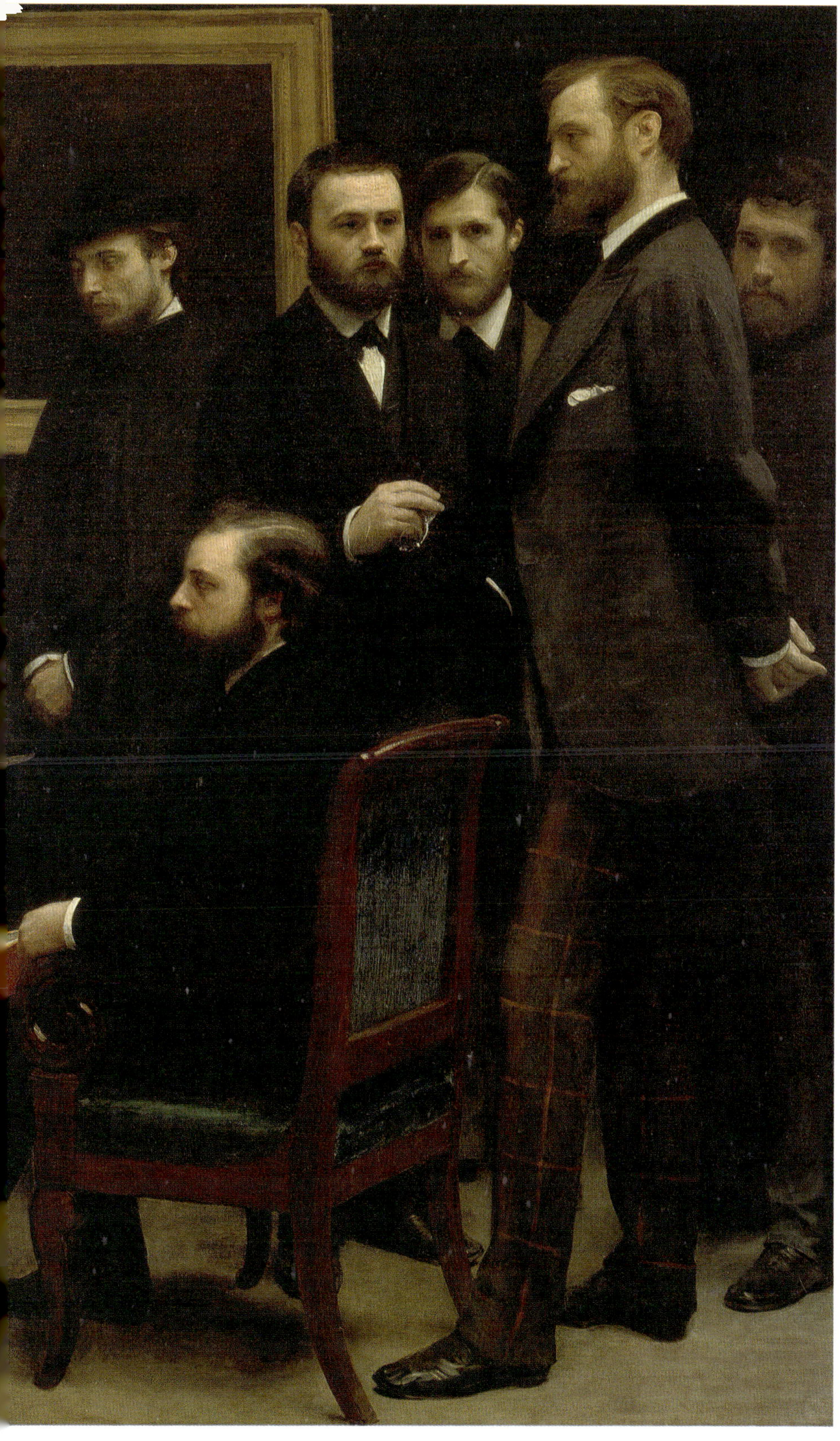

Hier sehen Sie das berühmte *Atelier in Batignolles* von Fantin-Latour dargestellt. Hier versammelten sich auch die Impressionisten.

Wesentlich ist mir hier nur zu zeigen, wie fast in Konkurrenz mit der Fotografie eine Szene gezeigt wird, in der die Malerei so perfekt geworden ist, dass sie wirklich als dokumentierendes Medium wirksam werden kann.

20 | Henri Fantin-Latour
Ein Atelier in Batignolles, 1870

Hier ist eine beiläufige Ballszene von Adolph von Menzel zu sehen. Es scheint, als käme man gerade vorbei, vorne guckt jemand über die Brüstung, hinten sitzen Leute, es wird geredet, die Röcke flattern, die Herren reißen Witze, die Damen halten sich respektvoll zurück. Es ist eine interessante, aber völlig nebensächliche Episode. Kein heroischer Augenblick und dennoch etwas mehr als eine bloße Dokumentation. Diese rote Schleppe ist natürlich herrlich mit dem Weiß der Hose in Zusammenhang zu bringen. Die grüne Schärpe, der rote Frack, all das ist so dargestellt, dass das Bild sich immer noch selbst zeigt.

Nun kommt etwas Herausragendes, was man sonst nur suchen kann. Man ist oft geneigt zu sagen: „Ja, Naturalismus. Das ist etwas ganz Interessantes. Da sieht die Kunst plötzlich aus wie die Natur selbst." Natur ist ja, etwas allgemeiner gesagt, nicht nur zum Beispiel der Wald, sondern alles, was uns unbehandelt von uns selbst entgegen kommt. All das tritt uns als Natur, als etwas anderes, spontan entgegen. Und so muss man sehen, dass dieser Naturalismus eine der Konsequenzen in der Entwicklung des 19. Jahrhunderts war, der sich aber nur zwei Jahre lang zugetragen hat und zwar nur in fünf, sechs Bildern. Denn die Gemälde von Courbet als naturalistisch zu bezeichnen, geht weit über das hinaus, was man so bezeichnen müsste. Sein Anliegen war vielleicht, seine Bilder so naturgetreu wie möglich zu malen, aber es gab nur diesen einen Maler Gustave Caillebotte, der ein paar Bilder wie träumend so gemalt hat, dass sie tatsächlich Konkurrenz mit der fotografischen Wirklichkeit aufnehmen können. Sie sind unter Zuhilfenahme des damals neu erfundenen Silber-Jodid-Verfahrens in der Fotografie entwickelt, durch die mit einer kurzen Belichtung etwas festgehalten werden konnte. Mit Hilfe der fotografischen Entdeckungen ist auch das nachfolgende Bild von Caillebotte entstanden.

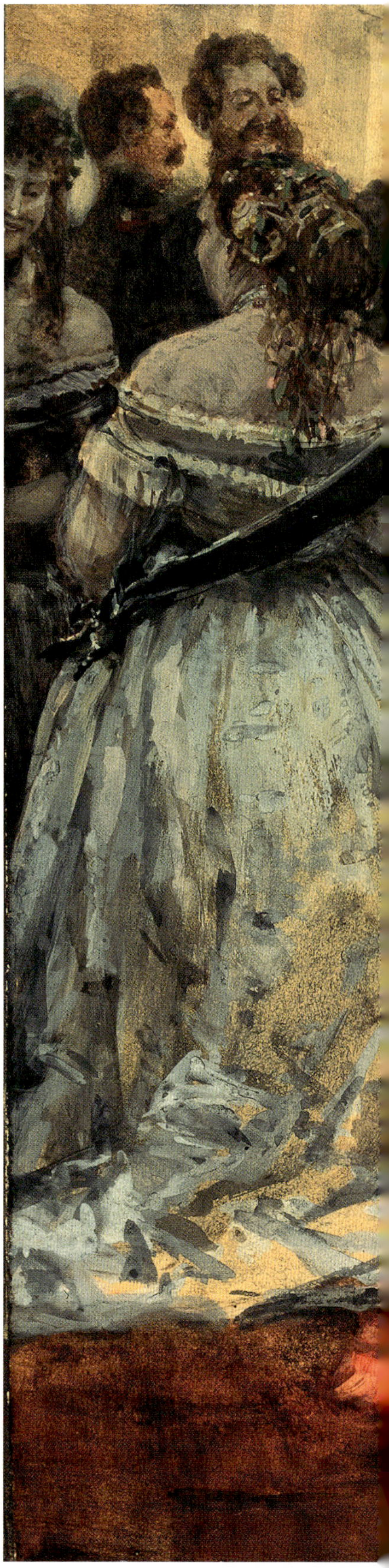

21 | Adolph von Menzel, **Ballszene,** 1867

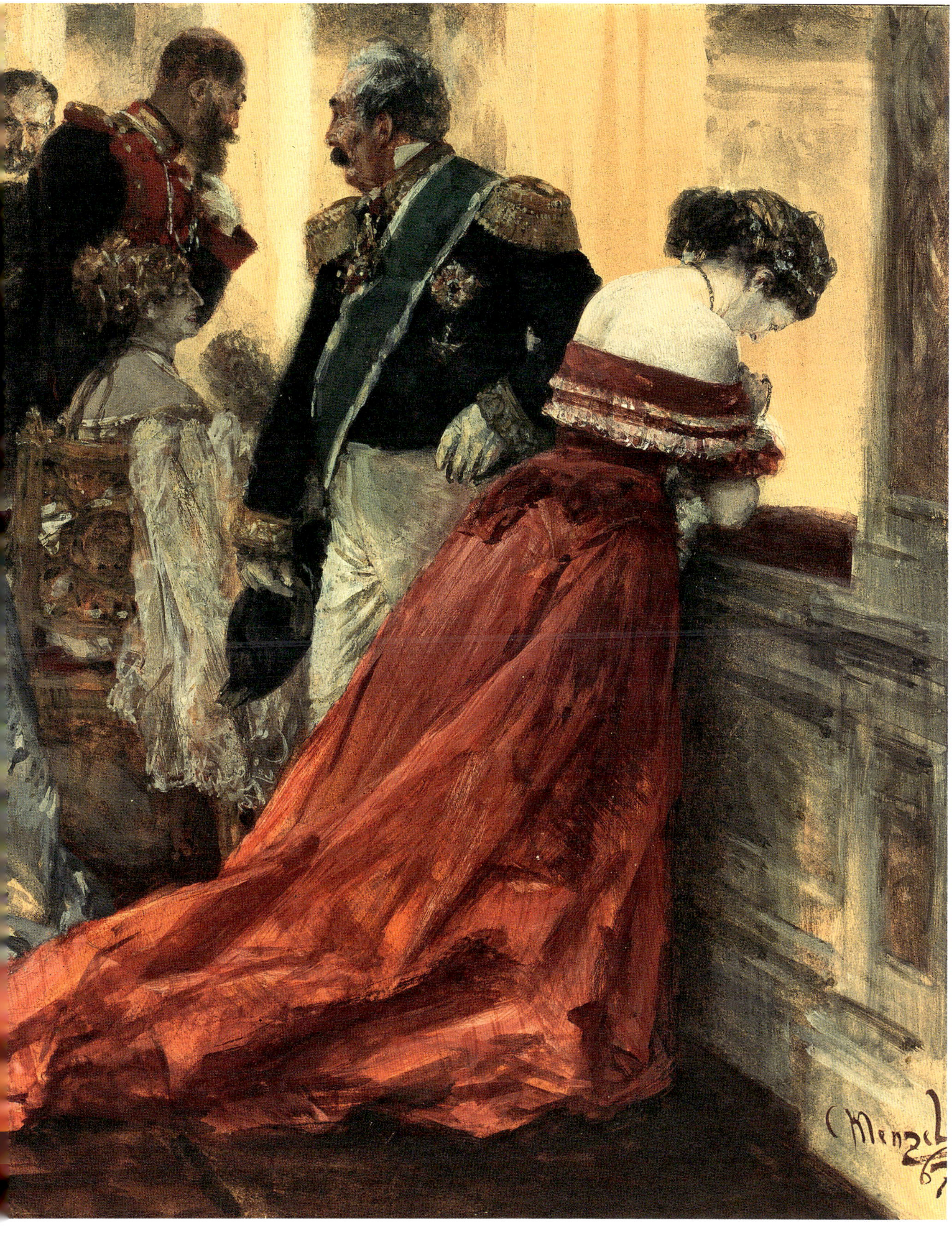

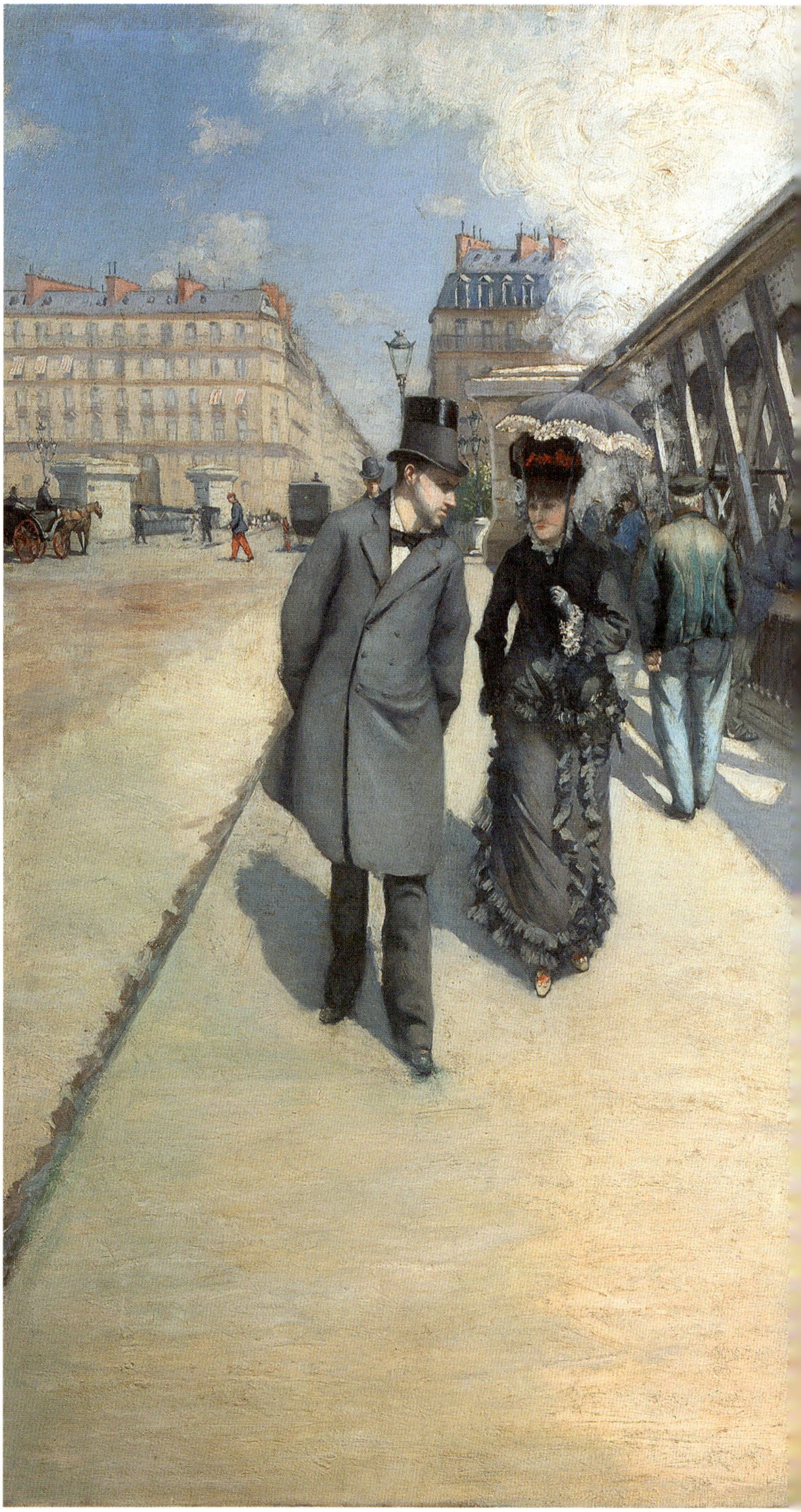

22 | Gustave Caillebotte,
Europabrücke, 1876

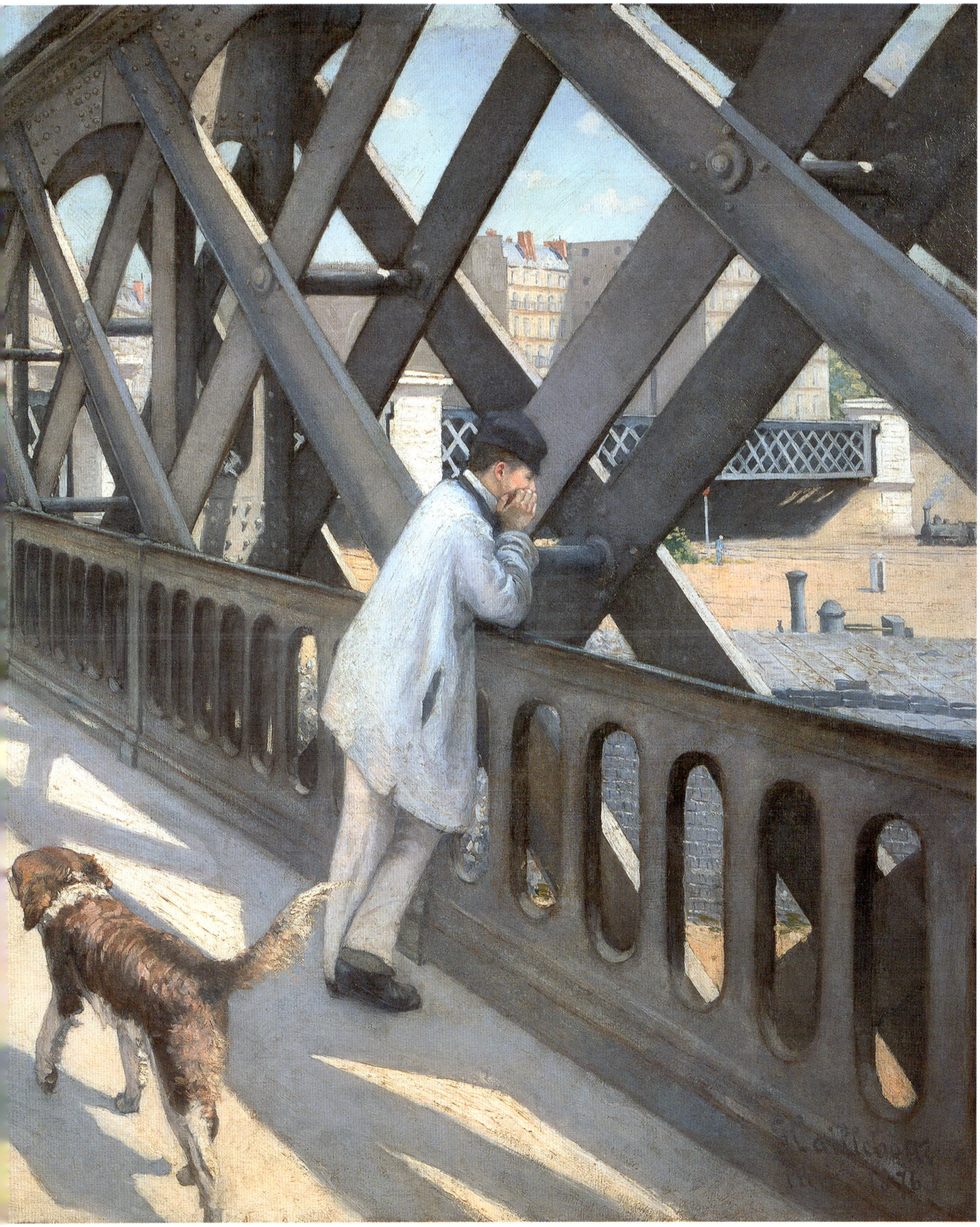

Gustave Caillebotte hatte das Glück, einen Vater zu haben, der eine Bank besaß und sehr kunstsinnig und ein großer Mäzen aller damals völlig unbekannten Impressionisten war. Er beteiligte sich auf der zweiten und dritten Ausstellung der Impressionisten mit solchen Bildern und wurde dafür sehr gefeiert. Er ist natürlich, wie alle anderen, angefeindet worden, aber dann auch besonders von Émile Zola erwähnt worden, der darauf hingewiesen hat, dass diese Malerei nun endlich das sei, was man von Malerei erwarte, dass sie nämlich nicht irgendetwas zeige, sondern die Wahrheit. Nichts als die Wahrheit: Vérité. Und dass das hier nicht irgendeine Verbrämung ist oder das Zitat eines tollen Augenblicks oder ein mystischer Hinweis oder eine mythologische Anspielung, sondern einfach nur das, was der Betrachter sehen würde, wenn er spazieren ginge.

Zum Beispiel am Sonntagmorgen, den 18. Mai 1876, um 10.00 Uhr. Das kann man ganz genau angeben, obwohl es nicht im Titel steht. Aber es ist fast so, als würde man hier selbst spazieren gehen und Leute zufällig flanieren sehen. Der junge Mann im schwarzen Mantel geht über den Bürgersteig und läuft seiner jungen Frau etwas voraus. Sie kann vielleicht wegen ihres Kleids nur kleine Schritte machen. Sie hat ihr Sonnenschirmchen aufgespannt. Hinter dem Mann sieht man eine Laterne, was darauf schließen lässt, wie weit es noch nach hinten geht. Das ist die Pont de l´Europe über dem Gare St. Lazare. Man kann Schornsteine von einer Eisenbahn erkennen. Weiter hinten ist sogar eine Lok fast vollständig zu sehen.

Ich weiß nicht, ob die älteren Semester sich noch erinnern, wie toll das früher war, wenn man über eine Brücke ging und plötzlich stand man im Rauch, weil eine Eisenbahn unter der Brücke her fuhr. Und dann zog der Rauch auch schnell wieder ab.

Es gibt auch heute noch die Beschäftigung, sich am Sonntag auf eine Autobahnbrücke zu stellen und zu schauen, wie die Autos da unten durchfahren. Immer wieder. Manchmal wundere ich mich. Ich winke auch, weil ich es so rührend finde. Diese Beschäftigung, die ziemlich wahllos ist, wo der Beobachter nicht erwartet, dass sich ein bestimmter Rhythmus einstellt, sondern das einfach nur ablaufen lässt. Genau diese völlige Kontingenz des Wahrnehmens tritt auch in diesem Bild ein.

So erscheint es auch wie ein Zufall, dass der Mann mit dem schwarzen Zylinder der Künstler des Bildes ist. Es ist ein Selbstporträt. Und neben ihm ist seine Freundin, seine Lebensgefährtin, seine Partnerin, oder wie man sie auch immer bezeichnen will. Und dann befindet man sich plötzlich in dieser zufälligen Situation. Der Eindruck der Zufälligkeit kann noch gesteigert werden, indem man fragt: „Wem gehört denn der Hund?" Es könnte zum Beispiel mein Hund sein. Also, der Hund von mir als Betrachter. Der könnte natürlich auch einem anderen Herrn vorauslaufen oder hinterhertrotten. Dieser Hund, der ist phantastisch. Er ist nicht ganz abgebildet, es fehlt nicht viel, aber genau dieses Bisschen ist entscheidend. Die eine Pfote des Hundes ist nicht drauf. Was bedeutet das, dass die Pfote nicht drauf ist? Ist der Hund nur teilweise vorhanden? Sie würden doch nun sagen, der Hund ist intakt, bloß schneidet das Bild die Pfote ab. Ist das jetzt schade für den Hund, oder schade für das Bild? Weder noch! Es hat eine ganz andere Realitätsebene, wenn man so fragt. Indem die Pfote nicht ganz drauf ist, hat man die Vorstellung: Noch ein bisschen weiter,

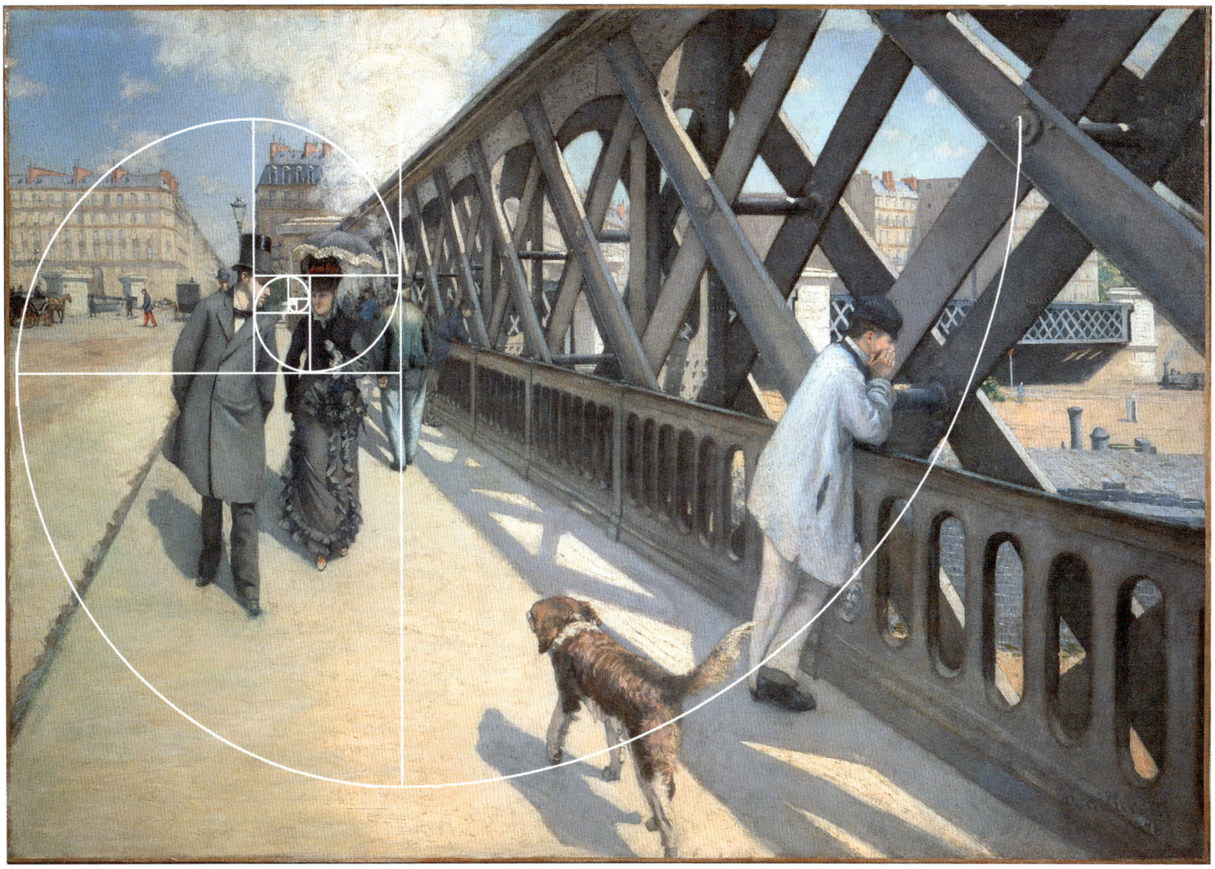

Konstruktion des Motivs nach dem Goldenen Schnitt

dann ist sie drauf. Wendet man sich dem Abstand zwischen den Pfoten zu, bemerkt man, dass die Pfote nicht aufgestellt ist. Was bedeutet das? Ist das eine Dauerstellung? Es ist unabweisbar, dass der Hund in Bewegung ist. Und gleich, wenn er jetzt endlich mal nach vorne käme, dann würde er seinen Fuß aufstellen. Da gibt es kein Vertun. Und dann würde er seine Pfote auch endlich ins Bild ziehen. So wie der Hund sicher auch nicht dauernd mit nach rechts gewandtem Schwanz rumläuft, sondern die Stellung des Schwanzes darauf deutet, dass er damit wackelt. Man kann ihn nicht als wackelnd zeigen, wenn er in Mittelstellung ist. Das ist mit einem Pendel vergleichbar. Wenn Kinder eine pendelnde Uhr malen wollen, dann malen sie das Pendel nicht herabhängend, also wenn das Pendel den tiefsten Punkt erreicht hat, sondern in einer schrägen Position. Obwohl das absurd ist in der Dauer der Anschauung. Aber es zwingt einen natürlich dazu, sich vorzustellen, die Situation geht jeden Augenblick weiter. Wir haben also den Hund, der sich auf jeden Fall bewegt. Der Herr mit der hellen Jacke, der von der Brücke herunterschaut, ist gerade unbewegt; und genau das macht ihn so realistisch, weil man nicht erwartet, dass er sich umdreht. Aber die Stellung des Hundes ist so, als könnte er sich jeden Moment bewegen. Oder die Art, wie der junge Mann mit seiner Frau spricht. Das sind keine starren Dauerstellungen. Er spricht leicht über die Schulter zu ihr und man stellt sich so einen üblichen Sonntagsspaziergang vor. Wie er ihr einen Schritt voraus ist, dann einfach redet und etwas missmutig zurück hört, das sind alles Elemente, die den Eindruck vermitteln, hier sei ein unglaublich lebendiges Gefüge.

Auch der eigene Blickwinkel ist spannend. Der Fluchtpunkt dieses gewaltigen Brückengeländers ist nämlich hinten, also exzentrisch. Würden wir ihn in der Mitte haben wollen, müsste sich die Szene über den linken Bildrand hinweg fortsetzen. Aber sie ist verschoben. Wenn man vor dem Bild steht, ist man schon selbst wie verdreht. Man hat eine zufällige Haltung gegenüber der dargestellten Räumlichkeit. Dann fährt unter der Brücke auch noch ein Zug durch, Rauch steigt auf, trotzdem hat man den Eindruck eines ganz zufälligen Geschehens, als könne es nur durch die Natur arrangiert sein. Nur das Zufällige, nicht aber das Arrangierte kann als wahr gelten.

Nun wird natürlich sehr interessant, dass diese Art von Zufälligkeit sich nichts anderem verdankt als einem ungeheuer genauen Kalkül, denn es kommen ganz viele Zufälle zusammen, die das Geschehen so zufällig machen, dass es unausweichlich zufällig wirkt. Es ist wichtig zu erkennen, dass das Wissen von Kontingenz, von Zufälligkeit nur dadurch vermittelt wird, dass ich diese Komposition und keine andere vor mir habe. Wenn Sie so viele zufällige Einzelheiten gleichzeitig mit einem Schnappschuss einfangen wollten, dann müssten Sie sehr lange warten. Es handelt sich also um eine höchst kalkulierte Komposition, die aber auf diese zufälligen Elemente abzielt. Sie ist wie aus mehreren Fotos einzeln zusammengesetzt.

Worauf will ich aber überhaupt hinaus? Man kann das alles sehen und beschreiben, so wie ich es eben getan habe. Allerdings habe ich immer nur nachgesprochen, was Sie schon längst wussten. Deswegen ist es ja auch Mord, wenn man durch das Museum geht und auch noch gesagt bekommt, was man selbst sieht.

„Was kommt denn rüber?", fragt man so schön: Ein heiterer Maimorgen und unbeschwerte Leute, man ist selbst unbeschwert, schlendert als einer von ihnen über die Brücke und wird Augenzeuge, Zeitgenosse. Stellen Sie sich vor, Sie würden da im Gehrock entlanglaufen und den Ihnen bekannten Künstler treffen. Einfach toll.

Jetzt bitte ich Sie, einen Augenblick Ihren Augen zu trauen. Bitte schauen Sie auf die grüne Fläche zwischen den Köpfen des jungen Mannes und seiner Begleiterin mit einer möglichst starken Intensität, so wie Sie sie normalerweise nicht aufbringen würden. Machen Sie ein bisschen „Kuhaugen" und halten Sie sie starr fest. Beruhigen Sie Ihr Auge an dieser Stelle und versuchen Sie, dann zu beobachten, was der Rest des Bildes macht.

Was wird aus dem schönen Bild des Maivormittags? Es vermischt sich. Wie benimmt es sich nun? Es läuft auf diesen einen Punkt, auf die grüne Fläche zu. Und was passiert? Es fängt an, zu kippen. Bemerken Sie, wie leer die Fläche vor dem Paar ist? Und wie ungeheuer zugestopft es neben der Frau ist? Wie diese Balkenkonstruktion plötzlich ungeheuer stark ins Auge springt und ihre völlige Solidität verliert? Bemerken Sie, wie das geschieht und wie sich das im Auge anfühlt? Wie brutal das sozusagen wird? Wie die schwarzen Balken und die Kreuzungen zur Seite hin immer größer werden? Plötzlich verliert das Bild den räumlichen Aspekt und es läuft alles auf einen Punkt zu, aber sinnlos.

„Stellen Sie sich vor, Sie würden da im Gehrock entlanglaufen und den Ihnen bekannten Künstler treffen. Einfach toll.“

Wenn sie einen Moment ins Starren kommen, dann hebt sich das Räumliche auf und es scheint so, als würde das Gerüst kurz vor einer Klappbewegung stehen.

Sie können das natürlich noch als einen Wert der Zufälligkeit betrachten, der einfach nicht durch eine edle Komposition aufgefangen wird. Aber wenn Sie das Gebilde hier sehen und auf die Farbwerte und auf den anschaulichen Charakter dieser gekreuzten Balken selbst Acht geben und auf die Blankofläche auf der anderen Seite, dann bemerken Sie, wie schemenhaft das alles wird. Und wie im Anschauen plötzlich ein vollständig anderer Charakter zum Vorschein kommt als jener, der durch den inhaltlich verstandenen, begrifflichen Weg feststellbar ist.

Also diese ganz leichte, lockere Situation, dieses Zufällige und Heitere, nahezu Witzige und wie Karikierte, das nimmt einen ganz anderen Charakter an, wenn ich anfange, mich mit dem zu verbinden, was ich sehe. Das Gerüst der Brücke wird plötzlich starr, dann aber wie durchsichtig und schließlich zu einem gewaltigen Monstrum in Bezug auf die ganze Bildfläche. Es wirkt ungeheuer stark und fängt an, sich zu bewegen.

Wenn man diesen einen Moment auf sich wirken lässt und dem Gesehenen einen Eigenwert zuschreibt, dann spricht das Bild für sich: Das Gegenteil von dem, was es inhaltlich zeigt, wird sichtbar. Damit sind wir in die außerordentlich schwierige Situation gekommen, in der die Malerei des 19. Jahrhunderts tatsächlich aufgelaufen ist. Sie hatte nämlich das Anliegen, die Welt mittels der Malerei zu zeigen, wie sie ist. Wenn das Bild nun so aussieht wie sein Vorbild, muss man sich klar darüber werden, dass es sich tragischerweise nicht um das Gesuchte handelt, nicht um Realität, sondern um den ersten konsequenten Fall von totaler Illusion.

Das, was ich alles beschrieben und erzählt habe, das klingt so witzig wie zum Beispiel der Hund, der sich bewegt, aber immer noch kein Stück nach vorne gekommen ist, oder der Mann, der sich immer noch nicht nach vorne gedreht hat. Wir sagen: „Alles klar, es ist alles bloß gemalt.“ Aber wir müssen uns auch darüber im Klaren sein, dass diese Selbstverständlichkeit uns hindert zu bemerken, dass hier nicht Realität und Natur, sondern Illusion und Vorstellung am Werke sind. Dass, was ich im Anschauen erfahre, bekommt plötzlich einen eigenen Charakter – der fatalerweise sogar dem widerspricht, was ich diesem Bild begrifflich und vorstellungshaft entnehmen, was ich an ihm ablesen und an ihm wiedererkennen kann.

ZUM PROBLEM DER WIRKLICHKEIT IN DER REALISTISCHEN MALEREI VON GUSTAVE CAILLEBOTTE [20]

Paris im Mai 1876. Ein Sonntagvormittag gegen zehn Uhr. Spaziergänger auf der Europabrücke, die das Schienennetz des Bahnhofs Saint-Lazare überspannt. Kleine Schönwetterwolken ziehen durch den blauen Himmel. Die Sonne blendet. Die Stahlkonstruktion der Brücke wirft scharfe Schatten auf's helle Trottoir. Droschken sind unterwegs. Ein Mann und eine Frau, er mit Mantel und Zylinder, sie mit Queue und Schirmchen, nähern sich. Wie es sich so ergibt, geht sie einen Schritt hinter ihm; um mit ihr zu sprechen, wendet er sich etwas zur Seite. Auch weiter hinten spazieren Leute, überqueren die Straße oder blicken vom Geländer auf die Schienen hinab, auf Weichen, Bahnsteige und auf die Dächer der Wartehallen. Züge fahren ein und aus. Von einer eben die Mitte der Brücke unterfahrenden Lokomotive quillt Dampf auf, der einen Teil der Mietshäuser im Hintergrund verdeckt. Dort hinten auch zeigen einige Bäume frisches Grün. Vorn trottet ein Hund den Gehsteig entlang.

Der Realismus des späten 19. Jahrhunderts ist eine höchst komplexe Erscheinung, die nicht ohne den Zusammenhang mit den wissenschaftlichen, technischen und politischen Entwicklungen jener Zeit gesehen werden kann. Aus seinem Niederschlag im Kunstwerk allein ist er in seiner Gesamtheit nicht zu fassen. Dennoch sind es gerade die Kunstwerke, die zur Charakteristik des ganzen Komplexes Entscheidendes beitragen – auch unter den rein ästhetischen Kategorien, durch die sie ihrer Natur gemäß sprechen.

Die nachstehende Analyse von Caillebottes *Europabrücke* soll begrenzt sein auf die Charakterisierung von Momenten des Realismus, die unter ästhetischen, wenn nicht gar nur unter ästhetischen Aspekten zum Bewusstsein kommen können.

Schon ein Streifblick macht deutlich: Die Provokation von Caillebottes Bildern lag bereits in der Wahl des Gegenstands. Schon seine Sujets sind eine Absage an die öffentlich anerkannte Kunsttradition. Maßgeblich aber ist für Caillebotte nicht so sehr, dass er die Situation der einfachen Leute schildert. Das hat weit wirkungsvoller und lange vor ihm mit allen sozialpolitischen Ansprüchen schon Courbet getan. Maßgebend ist auch nicht, dass er die neuen Errungenschaften der Technik

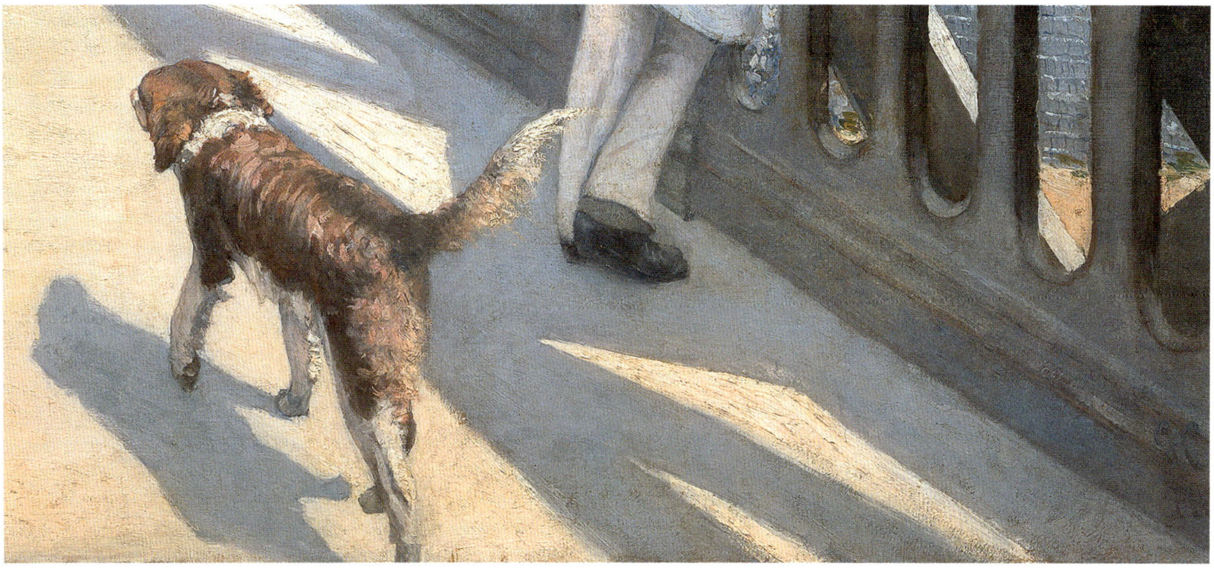

– Stahlkonstruktionen, Eisenbahnen, Mietshäuser – einer Darstellung für wert hält. Auch hier folgt er nur seinen impressionistischen Vorkämpfern.

Das kritische Moment zeigte sich schon bei der dieser Untersuchung vorangestellten Beschreibung. Ob die Angabe „1876, Sonntag, 10 Uhr" stimmt oder nicht, sei dahingestellt; es ist dazu auch weiter nichts überliefert. Wesentlich ist, dass sich der Betrachtende angesichts dieser Szene in die Lage versetzt sieht, oder es zumindest für wahrscheinlich hält, überhaupt eine derart genaue zeitliche Bestimmung vornehmen zu können. Und schon die oben vorangestellte Beschreibung ist nicht die Beschreibung eines Bildes. Eine Situation wurde beschrieben. Dafür spricht, dass die dargestellte Szenerie, das Paar im Vordergrund, der die Straße überquerende Mann, der Qualm, der vom eben unter der Brücke durchfahrenden Zug aufsteigt, der schnürende Hund und schließlich der durch die klaren Schattenwürfe eindeutig bezeichnete Stand der Sonne insgesamt ein durchgängiges zeitliches Geschehen kenntlich machen. Und zwar so, dass die gezeigte Situation unmittelbar nur einen einzigen Augenblick zeigt, genauer festhält. Die wandernde Sonne und die im Schritt ausgreifenden Spaziergänger sind dabei noch nicht einmal das Vordringlichste. Auch der fahrende Zug, rechts durch das Gitter gesehen, und die – unter natürlichen Bedingungen gedacht – sich stark und schnell verändernde Dampfwolke fallen zunächst ebenfalls nicht so sehr auf. Der deutlichste Akzent wird durch den über die Brücke trabenden Hund gegeben. Beachtenswert ist die nahezu spitzfindige Präzision seines Schattenwurfs: Der Schattenwurf unter der rechten Hinterpfote fällt erst in einem bestimmten Abstand von dieser auf den Gehsteig; die Pfote ist also nicht aufgestellt, sondern im Trab gehoben. Das gesamte Bildgeschehen wird allein schon durch ein solches Detail auf einen gegen Null gehenden zeitlichen Moment reduziert. Hinzu kommt, dass der gebotene Aspekt dem Gesichtsfeld einer Person entspricht, die sich selbst seitlich vor der Brücke befindet, sodass der Betrachtende das Geschehen in einer räumlichen Situation begreift, in die er sich selbst versetzt sieht.

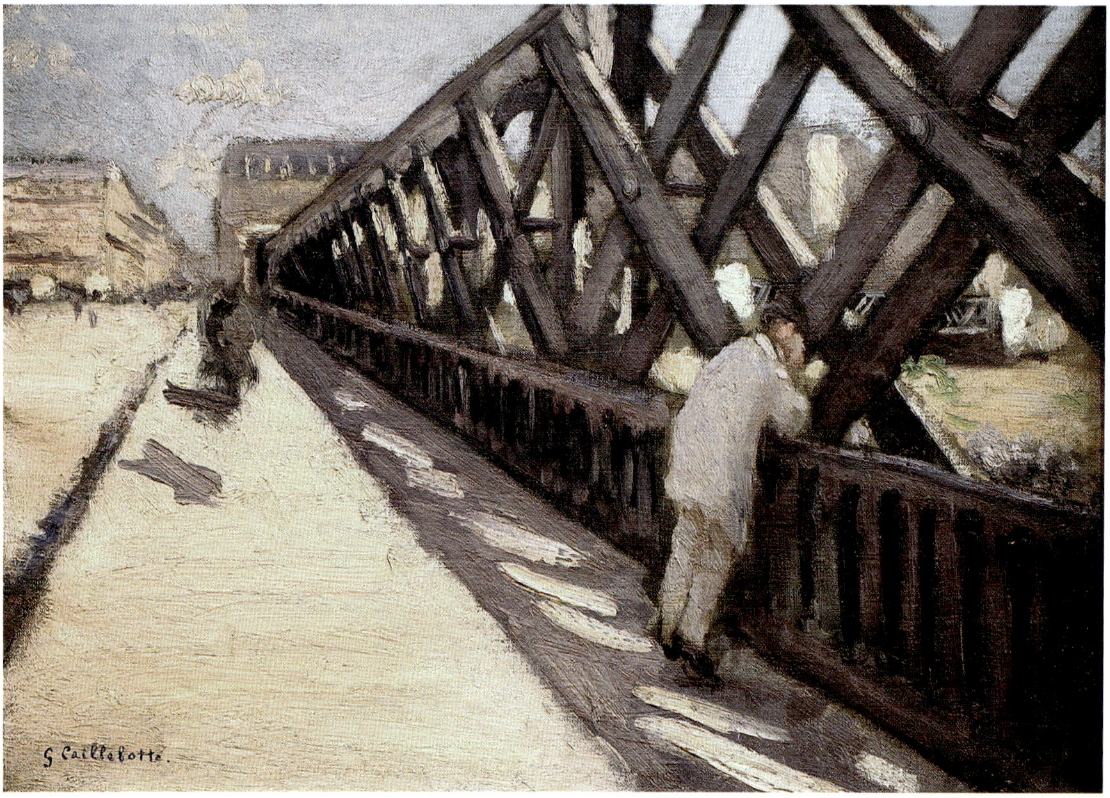
G Caillebotte.

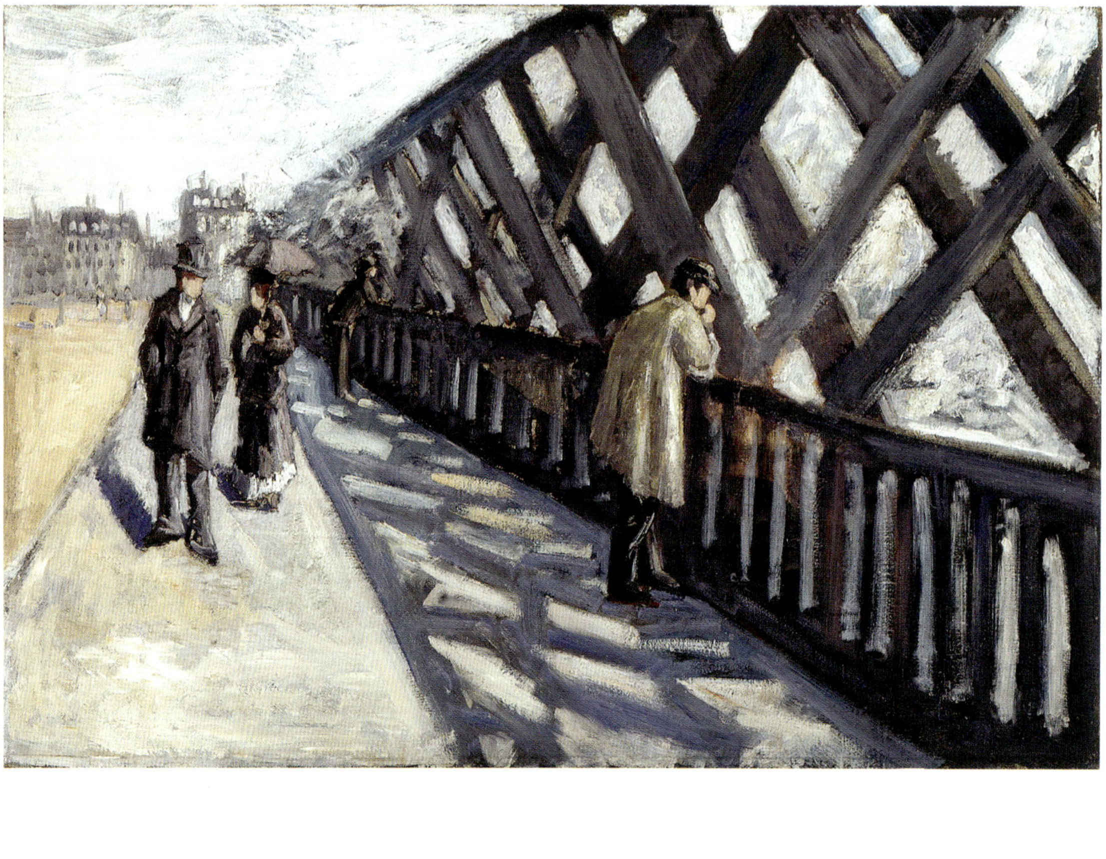

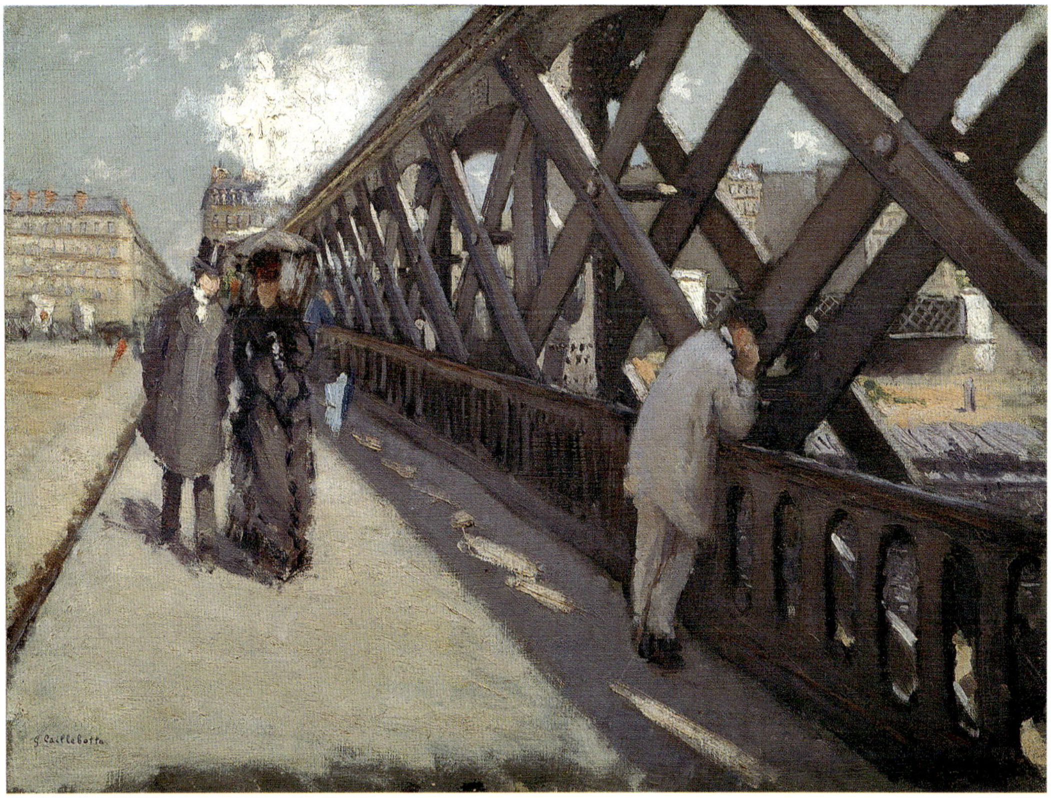

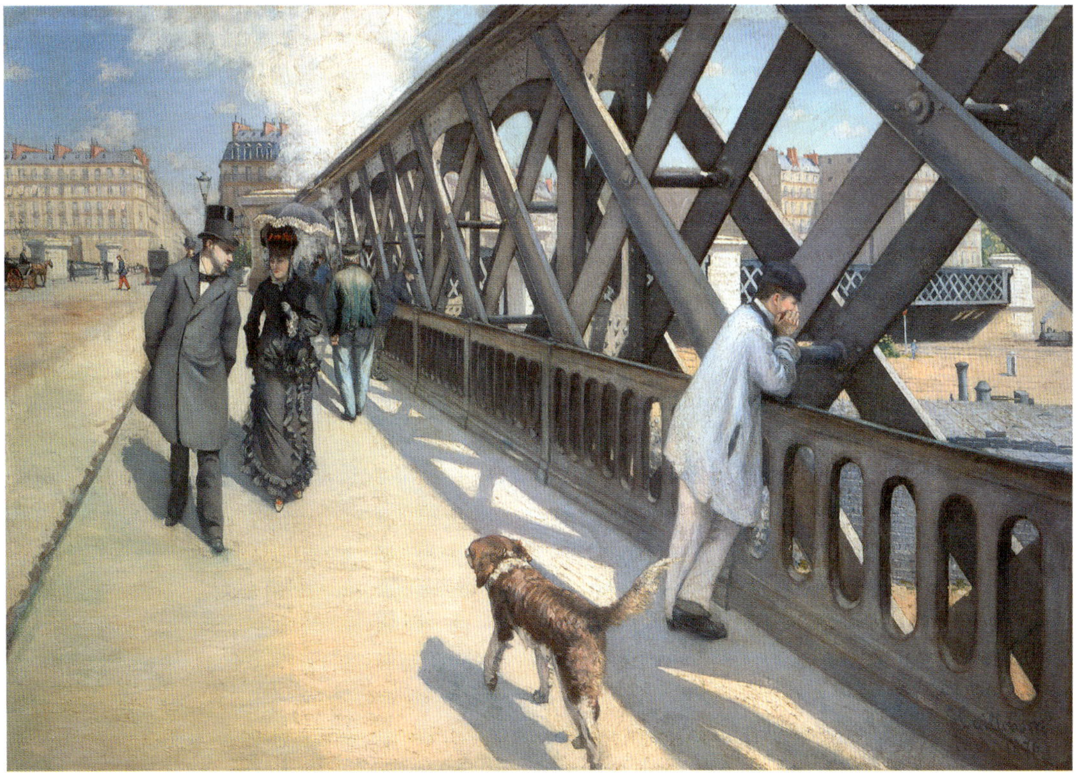

23–25 | Studien zu *Europabrücke* und fertiges Gemälde

Das ist zunächst nichts Besonderes. Soweit wie geschildert, handelt es sich um die kategorialen Bedingungen des perspektivisch strukturierten Ereignisbildes. Das Perspektivsystem gewährt nur einen Anblick; das ruhende Bild zeigt nur eine Situation. Auch ist auf die dramatische Geschlossenheit der Szene Verzicht geleistet. Es begegnet keine kollektive Handlung, die eine dramatische Entwicklung zeigte. Die verschiedenen Gruppen vereinzeln sich in ihren Aktionen. Sie ergänzen sich gegenseitig nicht in einer zeitlich bindenden Handlung, sondern, nebeneinandergestellt, nur durch Addition. Gleicherweise vereinzeln sich die Gebärden der Figuren und werden so zur zeitlich neutralen repräsentativen Pose. Kein Ablauf, bestenfalls ein Zustand wird vorgeführt. Weder der gegebene Raumaspekt noch die Handlung sind daher als individuelle Situation auch des Betrachtenden begreifbar.

In Caillebottes Szene fehlt jeder Anschein eines Arrangements. Der Fluchtpunkt ist exzentrisch nach links verschoben und bildet zugleich nicht das Zentrum der Szene. Das wird besonders deutlich, wenn die Durchblicke durch die Stahlkonstruktion rechts berücksichtigt werden. Diese werden durch das grobe Gitter zu rautenförmigen Bildsegmenten vereinzelt. Auf der linken Seite des Bildes konzentrieren sich viele Linien im Fluchtpunkt. Aus dieser auch planimetrischen Linienkonzentration fallen die genannten Bildsegmente heraus und lenken so den Blick von dem stark fluchtenden Zentrum ab.

Eine Halbierung des Bildes – leicht durch Abdecken zu experimentieren – macht das noch deutlicher: Die doch eine recht große Fläche in Anspruch nehmenden Segmente ändern ihren Charakter nicht, wenn die linke Bildhälfte entfällt.

Zudem ist das Gesichtsfeld des Betrachters so gewählt, dass die Szene nicht von einem besonderen, ausgezeichneten idealen Standort aus gesehen wird. Das Raster der Stahlkonstruktion, die das größte Bildelement darstellt, ist hier – dicht beim Betrachtenden – genau gleich geformt wie dort, wo sich die Bildfiguren befinden. Das Blickfeld ist in dieser Hinsicht wahllos. Und ebenso ist die Verteilung der Figuren in Bezug auf die sich wiederholenden Elemente der gleichförmigen Serie von Gitter-Einheiten beliebig. Beliebig wirken in diesem Sinne auch die Überschneidungen der Gegenstände und Figuren, die geradezu zum Indiz dafür werden, dass die Gegenständlichkeit im Einzelnen nicht um ihrer bestmöglichen ästhetischen Repräsentation willen abgebildet ist. Auch bildet die Architektur der Szene hier insgesamt nicht die würdigste Rahmung und Staffage. Zur Präsentation der Bildfiguren wird die Brücke als Bau so wesentlich wie ihre Passanten. Gezeigt sind nicht nur Personen, die über die Brücke gehen, sondern ebenso die Brücke mit ihrem Verkehr.

Der gegebene Aspekt trägt damit alle Merkmale des Zufälligen, bis hin zur zufälligen Begegnung auch vielleicht mit dem schon Bekannten: Bei dem Mann mit Zylinder handelt es sich um ein Selbstbildnis Caillebottes. Die Zufälligkeit der Szene ist noch um eine Pointe bereichert – um die zufällige Begegnung mit dem Künstler.

Entsprechendes zeigt sich bei der Bestimmung der Zeitlichkeit der szenischen Handlung. Es fehlt eine kollektive Handlung, die die Einzelaktionen in eine dramatische Entwicklung einbindet. Die Unverbundenheit ist bei Caillebotte für das, was als Geschehen gezeigt wird, funktionell und spezifisch, nämlich zur Darstellung des Verkehrs auf der Brücke. Denn es handelt sich dabei um einen Vorgang, der sich einmal so, einmal so abspielt, der aber prinzipiell einer gleichrangigen und gleichwertigen Abfolge unterliegt. Ob der Verkehr nun sehr lebhaft

„Die Zufälligkeit der Szene ist noch um eine Pointe bereichert – um die zufallige Begegnung mit dem Künstler.“

oder ruhiger ist, ob diese oder jene Person in diese oder jene Richtung geht, blickt oder spricht, ist gleichgültig; die Vielzahl solcher dramatisch nicht koordinierter Aktionen jedoch ist für ein solches Geschehen gerade charakteristisch. Und wie beliebig sich der Verkehr nicht nur als Verkehr abspielt, sondern wie beliebig es ist, wie der Betrachter das Geschehen antrifft, dafür gibt wieder der trabende Hund einen besonderen Akzent. Sein linker hinterer Lauf ist vom Bildrand überschnitten. Er könnte auch noch weiter überschnitten sein – ebenso könnte der Hund schon weiter auf der Brücke vorangekommen sein und seine Pfote damit ganz im Bildfeld. Gerade die knappe Überschneidung aber, sozusagen am letzten Zipfel, macht den Eindruck der Beliebigkeit in der Sicht auf ihn unausweichlich; ein Wert, der sich wie der zeitliche Akzent seiner nicht aufgestellten Pfote wiederum dem gesamten Charakter der Szene vermittelt.

Dass unter solchen Bedingungen Caillebottes Szene zufällig und beliebig wirkt, stellt ihn zugleich in den schärfsten Gegensatz auch zur derzeit öffentlich anerkannten historischen Ereignismalerei, die, wie wir gesehen hatten, darum bemüht war, den einmaligen, unverwechselbaren historischen Augenblick hervorzuheben und zu verewigen. Sie erinnern sich an Ernest Maissoniers Gemälde, das Napoleon III. als den siegreichen Helden der Schlacht von Solferino darstellt, und an Paul Delaroches Gemälde *Tod Elisabeth I.*, das ihren letzten Atemzug ins Bild bringt.

Der schon hier gesteigerte Realismus in der Darstellung der Gegenstände im Detail, im Wetteifer mit dem schreibenden Historiker anhand von Quellenberichten „historisch getreu“ ausgeführt, unterstützt zwar den dokumentierenden Charakter dieser Szene. Aber in der Hervorhebung der Einmaligkeit der so berühmten Situation werden auch hier die Gesten posenhaft typisiert. Der gewählte Schauplatz und das Geschehen werden zur Würdeform des dargestellten Helden. In der ewigen Gültigkeit des Monuments verliert die Situation jedoch den Charakter der Aktualität und der Einmaligkeit des tatsächlichen historischen Augenblicks.

Caillebotte dagegen stellt den erhabenen Augenblick als bildwürdigen Inhalt in Frage. In seiner Szene ist der Augenblick innerhalb des Geschehens anonym. Damit aber wird der gezeigte Zeitpunkt auf die Situation des Betrachtenden hin individualisiert. Im wahllosen Neben- und Nacheinander des Verkehrs auf der Brücke sieht er die Szene eben jetzt so und nur *er* sieht sie jetzt so. Kein Unfall oder sonst irgendein außergewöhnliches Ereignis wird vorgeführt. Von belangloser Stelle aus gesehen läuft das normale Geschehen ab. Dass aber gerade die Beliebigkeit und die Normalität als Handlungswerte fruchtbar werden, die sich wiederum auch dem Handeln der Figuren vermitteln, welche hier flanieren und auf die Gleise blicken, und dass insgesamt die Szene so für einen Spaziergänger, der absichtslos durch die Stadt schlendert, typisch wird, weil sie sich überall abspielen könnte, das rechtfertigt und erfordert zugleich die Dekomposition der Dinge im Bilde und die an die Grenze der Karrikatur führende Zuspitzung auch der zeitlichen Bestimmung. Der Betrachter trifft die Szene

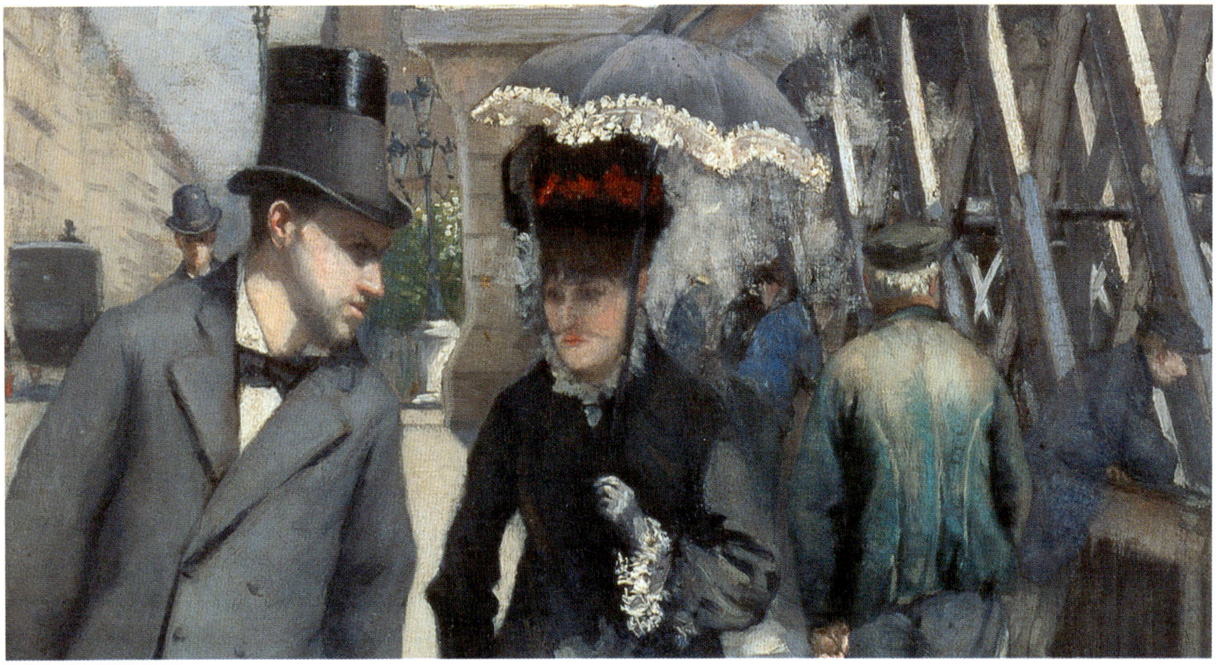

so an, zufällig, wie sie ist, *en passant*, selbst sich verhaltend wie die Leute, die ihm begegnen. Er ist bedingungslos *Augenzeuge*. Kein „schönes Bild" wird ihm präsentiert, keine beispielhafte heroische Szene vorgeführt.

Das war aktuell, radikal, frisch, war weder falsche Scham noch hohles Pathos. Der Verzicht aber auf die gängigen Kulturzitate und die vom Bild eröffnete unmittelbare Augenzeugenschaft treten zum Realismus der einzelnen Dinge, den die Caillebotte hier gegenübergestellte Malerei mindestens ebenso perfekt beherrscht, hinzu und ergeben den frappanten Eindruck, dass nicht nur die abgebildeten Dinge selbst gezeigt werden, wie sie real sind, sondern dass die ganze Szene authentisch, realistisch ist, dass also das Bild eine objektive Wirklichkeit zeigt. Das zufällig im Bild Festgehaltene wirkt nicht wie vom Künstler aufbereitet, sondern als Gelegenheit für eine eigene Erfahrung dessen, der die Szene sieht. Nicht der Maler spricht, sondern was sich tatsächlich ereignet.

Eine derart bestimmte Bildobjektivität ist Eigenschaft und Absicht auch der Momentfotografie, vor allem der dokumentierenden, die zu Caillebottes Lebzeiten ihre entscheidende technische Entwicklung zu einem für jedermann zugänglichen Abbildungsverfahren erfährt. Viele unauffällige Details im Gemälde *Europabrücke* sind ohne genaue Studien von Momentfotografien nicht denkbar.

Auf den Schatten des Hundes wurde schon verwiesen; wie die nach hinten wegfahrende Kutsche im Hintergrund von der Schulter des Mannes im Vordergrund verdeckt wird und wie die gleiche Schulter auch einen weiteren Passanten verdeckt, der dem Betrachter viel näher zu denken ist als die Kutsche – von dem Passanten ist nur der Kopf zu sehen, der der Vordergrundfigur sozusagen auf dem Revers sitzt – ist für den Schnappschuss bezeichnend. Das gilt auch für die Laterne, die vom Zylinder des vorderen Mannes verdeckt wird; die Lampe sitzt wie ein Federchen an dem Hut – erst die freilich als selbstverständlich hingenommene

„Von dem Passanten ist nur der Kopf zu sehen, der der Vordergrundfigur sozusagen auf dem Revers sitzt.“

Vorstellung von der jeweils objektiven Größe von Hut und Laterne rückt die Gegenstände tiefenräumlich auseinander. Augenfällig anschaulich wird diese Distanz gerade nicht, sie wird aus dem außerästhetisch vorgewussten Größenverhältnis der Dinge erschlossen – ein Indiz mehr dafür, dass nicht ein anschauendes Malen, sondern die Fotografie solche Dingkonstellationen zu entdecken half.

Die Objektivität, die „Tatsachenwahrheit“ der Fotografie liegt in der Mechanisierung des Abbildungsvorgangs. Der Abbildende gestaltet das Gesehene nicht, er hält es nur fest. Wie sich die Dinge im Bild gestalten, ist Sache der Dingwelt selbst, die sich lediglich auf die Fläche projiziert. Die Ordnung – oder gerade die Nicht-Ordnung – der Fläche ist keine artistisch komponierte, sondern die Ordnung der Dinge selbst, kein ästhetischer Zusammenhang also, sondern der gestalthafte Zusammenhang der außerästhetischen sichtbaren Dingwelt in sich.

Positiv gesehen nutzt Caillebotte die Chancen der Fotografie für die Unmittelbarkeit seiner Szenen. Und die schon beobachtete Dekomposition, das Durchbrechen klassischer Bildordnungen, wirkt nicht als Wertverlust, sondern verstärkt in diesem Sinn den Glauben an den dinglichen – realen – Zusammenhang des Gezeigten. Aus heutiger Sicht wird allerdings deutlich, dass eine Malerei mit solchem Anliegen früher oder später doch vor den Möglichkeiten der Momentfotografie resignieren musste.

Dass sich Caillebotte jedoch bei seinen realistischen Bildern in so weitgehendem Maße der formalen Elemente der Fotografie bediente, hat unvermerkt und ungewollt eine unvermeidliche Konsequenz für das Erfassen nicht der Szene, sondern des Bildes selbst. Nur mittelbar können hier nämlich Linien, Formen und formale Konstellationen als Werte des Bildes gelten. Die Linien bezeichnen gerade dann, wenn die Dinge wie in der Fotografie mit dem Anspruch auf Realität gezeigt werden, in erster Linie die Grenzen der Dinge, die Linien sind Eigenschaft der gezeigten Gegenstände.

Dasselbe gilt für die Farbe. Kaum eine Bildlichkeit als die von Caillebotte ließe sich denken, in welcher die Farbe mit größerer Ausschließlichkeit als Eigenschaft der Dinge zu begreifen wäre. Die abgebildete Wirklichkeit ist erste Ursache für die im Bilde begegnende Farbe.

Wo Form und Farbe ausschließlich und konsequent als Akzidenzien der gezeigten Dingwelt gelten müssen, liegt eine besondere Form von Realismus vor, die zu Recht mit Naturalismus bezeichnet wäre. Es kommt jedoch nicht vordringlich auf die Bezeichnung an. Es mag hier genügen, die Eigenart der realistischen Malerei Caillebottes aus dem Zusammenhang zu charakterisieren. Und dazu gehört die eingangs schon erwähnte Tatsache, daß sich im 19. Jahrhundert nicht nur der Realismus bis zur letzten Konsequenz herausgebildet hat, sondern zugleich eine Qualität von Bildlichkeit, deren lineare Struktur und deren Farbe nicht im Dienste einer gegenständlichen Realitätsbezeichnung aufgehen.

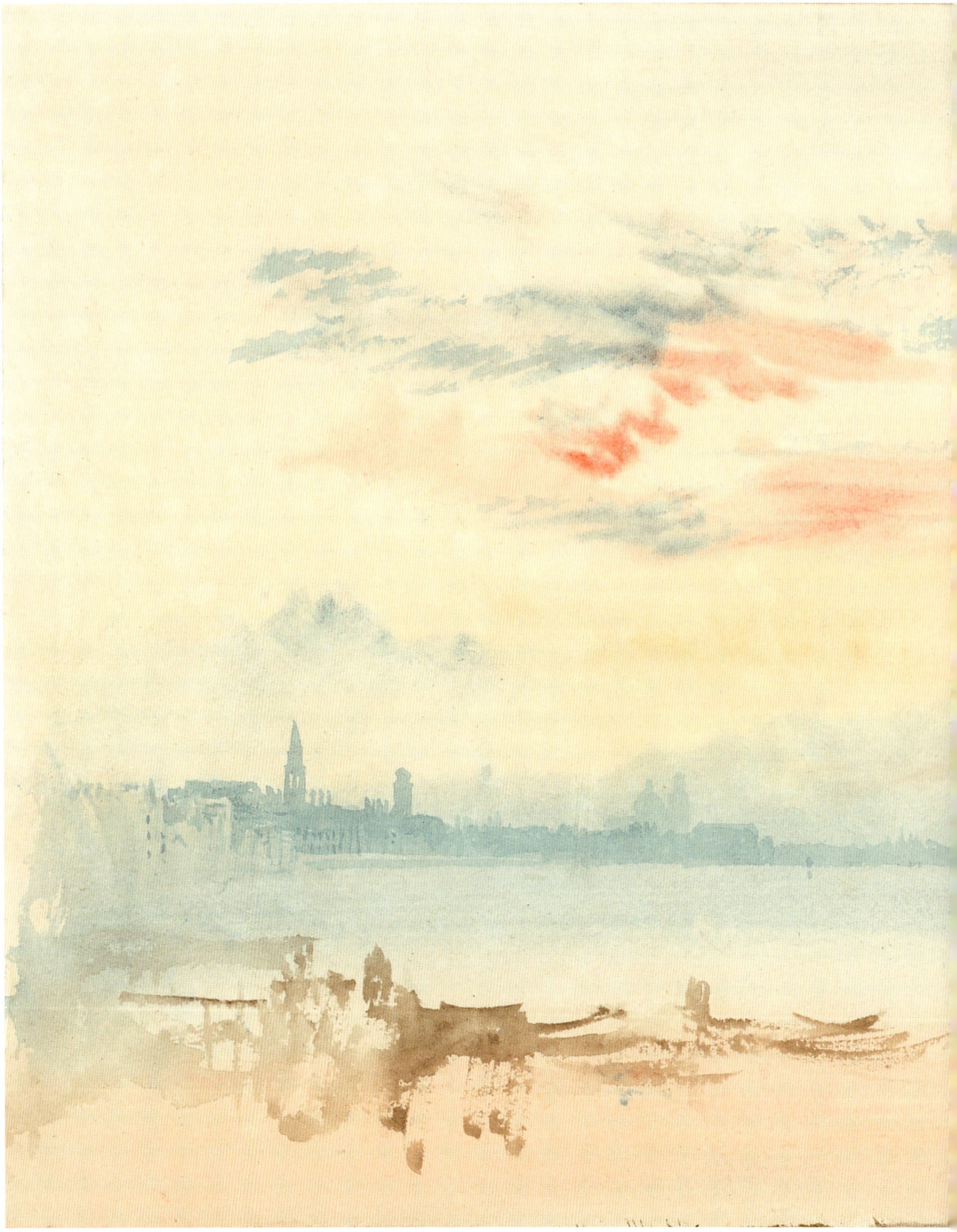

Das Werk William Turners ist für diese Entwicklung wesentlich. Insbesondere seine Aquarellskizzen – er hat über 19.000 Studienblätter hinterlassen – machen diese Entwicklung greifbar. Die hier abgebildete Skizze zeigt lockere farbige Silhouetten. Die perspektivischen Daten sind äußerst geringfügig. Allenfalls mögen die angedeuteten Boote im Vordergrund einen ungefähren Maßstab zur Entfernung der klein erscheinenden Gebäude im Hintergrund geben. Die Raumwirkung der Bildszene entsteht vielmehr unmittelbar durch die Farbwirkung. Das fliehende Blau im Mittelgrund, das vorrückende Rotbraun des angedeuteten Bootstegs, das ebenso vorspringende Rot im oberen Bereich sowie die feinen Rotreflexe unten ergeben einen Farbzusammenhang, der selbst schon räumlich wirkt, und der durch die angedeuteten Gegenstandsdaten nur noch wie bestätigt wird.

Turner gab seinen Skizzen zunächst eine das ganze Blatt überdeckende, farbige Grundierung, die schon in der großen Anlage auf das Motiv hin differenziert war. Immer wieder aber finden sich solche Blätter, die dann nicht weiter ausgeführt wurden. Als selbst wiederum „unfertige“ Skizzen müssten sie angesehen werden. Turner hat sie jedoch unterschiedslos mit den anderen Blättern aufbewahrt.

26 | Joseph Mallord William Turner
Venedig: Blick nach Osten in Richtung San Pietro di Castello – früher Morgen, 1819

Eines dieser Blätter zeigt einen dieser Skizze sehr ähnlichen Farbgrund (Abb. 27). Dieser wird im längeren Beschauen aus der Eigendynamik der Farbe selbst tiefenräumlich: Braun unten wird zum Vordergrund, das helle Braun im Mittelgrund bildet einen zurückweichenden Horizont, vor den sich der rötliche Streifen nach vorne schiebt. Sogar die Andeutung einzelner Gegenstände kann entfallen. Nicht unbedingt sind die dunkleren Blau-Strukturen am oberen Rand als Wolken zu bezeichnen, ebenso ist der untere Braun-Streifen nicht als „Strand“ oder die mittlere Blauzone als „Meer“ anzusehen. Diese Bestimmungen sind ganz im Gegensatz zu Caillebottes Malerei nicht eindeutig und bleiben uneindeutig.

Wesentlich ist, dass Raumwirkungen aus dem reinen Zusammenspiel der Farben erlebbar werden können. Es wird deutlich, dass sich im Vergleich zu Caillebottes Realismus der bildliche Zusammenhang der Dinge vorwiegend und mit der Entwicklung Turners mehr und mehr nicht aus dem Zusammenhang der außer-ästhetisch gesehenen Dingwelt ergibt, sondern aus den Eigenwirkungen der bildlichen Farbigkeit selbst. Man könnte geneigt sein, diese Entwicklung als Abstraktion von der realen Dingwelt zu beschreiben. Das aber würde Turners Vorgehen insofern verkennen, als er seine Skizzen doch immer so weit führt, dass die dingliche Welt aus dem farbigen Zusammenhang noch, wenn auch offenlassend, kenntlich wird. Die Einzelskizze hat

27 | Joseph Mallord William Turner
Ein Strand und das Meer unter einem blassen bewölkten Himmel, 1819

CLXXXI — 10

ihr Telos stets in der Hinführung auf Qualitäten einer gesehenen dinglichen Welt. Aber in seiner Gesamtentwicklung hält Turner die Ausführung des einzelnen Werks in immer anfänglicheren Stadien an; er entfernt sich, indem er sozusagen immer früher im Fertigungsprozess des einzelnen Bildes stehen bleibt, nach und nach von einer definitiven Ding-Repräsentation. Es werden gegenständliche Vorstellungen eröffnet, jedoch nur der Möglichkeit nach und gerade nicht festgelegt. Und es werden im selben Maße davon immer unabhängigere Erfahrungsmöglichkeiten eröffnet für die bildlichen Eigenwirkungen und die Eigenwerte der Farbe. Bekannt ist Turners Studium der chromatischen Gesetze. Bekannt ist seine Apotheose an Goethes Farbenlehre.

John Ruskin hat Turners Weg schon im Jahre 1856 mit dem Begriff der „Innocence of the eye" gerechtfertigt: „Die ganze Wirkungskraft der Malerei im Technischen beruht auf unserer Fähigkeit, jenen Zustand zurückzugewinnen, den man die „Unschuld des Auges" nennen könnte; das ist eine Art von kindlicher Sehweise, die die farbigen Flecken als solche wahrnimmt, ohne Wissen von ihrer Bedeutung – so wie ein Blinder sie sehen würde, wenn ihm mit einem Mal die Sehkraft zurückgegeben wird" [21]. Ob John Ruskin Turners Malerei in jedem Sinne mit einer solchen Charakteristik gerecht wird, soll hier nicht näher untersucht werden. Die zeitgenössische Interpretation soll vielmehr selbst als ein Indiz für die Problematisierung einer sich von abbildlichen Bindungen lösenden Malerei genommen werden. Denn so sehr die bloße Formel „Innocence of the eye" das Verständnis nahelegt, die Malerei Turners ziele auf die freie Entfaltung der Farbe selbst, so ist damit doch nicht vorrangig der farbige Erlebniswert des Bildes gemeint, wie ihn namhaft etwa Charles Baudelaire hinsichtlich der Malerei von Delacroix charakterisiert: Schon der erste rasche Blick auf das noch nicht analytisch erschlossene farbige Ensemble des Bildes, „ruft in der Seele einen reichen Eindruck hervor, einen freudigen oder melancholischen".[22]

John Ruskins Begriff wendet sich vielmehr zunächst auf die farbige Erscheinung der Dinge für die Sinne. Die Dinge zu zeigen, wie sie sich den Sinnen zeigen, ist für ihn Aufgabe der Malerei: „Der ganze Wert ihres [der Kunst] Zeugnisses beruht darauf, dass sie Augenzeuge ist ...".[23] Was Ruskin anspricht, ist im Vergleich zur Bildlichkeit Caillebottes eine viel weitergehende Augenzeugenschaft, da für die Welt, wie sie erscheint, nichts anderes als nur das Auge zeugen kann. Andererseits liegt in einer solchen Auffassung nicht unbedingt ein Gegensatz zum Realismus, den Caillebottes Bilder vorstellen. Vielmehr könnte ein solcher Sensualismus sogar als Steigerungsform dieses Realismus gelten.

Sensualismus und Realismus folgen, so gesehen, einer gemeinsamen Tendenz. Es fragt sich nur, ob eine sensualistische Interpretation des gesamten Impressionismus dessen konkreten farbigen Bildphänomenen gerecht wird, wie es auch fraglich bleiben muss, ob Turners Tendenz zur freien bildlichen Entfaltung der Farbe durch den Begriff der „Innocence of the eye" für ein letztlich doch noch mimetisches Bildverständnis eingeholt werden kann. So sehr auch schon die zeitgenössische Interpretation darauf zielte, die Einheit der Kunst als einer abbildlichen darzustellen, so musste doch das mit dem Begriff der „Innocence of the eye" angesprochene naive Erfassen der zunächst bedeutungsfreien farbigen Erscheinungswelt das Bewusstsein auf das unmittelbare Anschaulich-Sein des bildlich Gegebenen als einer farbig formalen Erscheinung von eigener Realität führen. Und zeigen sich auch Sensualismus und Realismus *sinngemäß* nicht als

„Die ganze Wirkungskraft der Malerei im Technischen beruht auf unserer Fähigkeit, jenen Zustand zurückzugewinnen, den man die Unschuld des Auges nennen könnte; (...) wie ein Blinder sie sehen würde, wenn ihm mit einem Mal die Sehkraft zurückgegeben wird.“

John Ruskin

Gegensätze, so zeigen sich doch die Bilder, die einem naiven Fotorealismus folgen, und diejenigen, die aus einer Bemühung um das Darstellen der Erscheinungshaftigkeit der Dinge für das Auge hervorgehen, höchst unterschiedlich. Und schon dieser Gegensatz zeigt, dass sich selbst das realistische Bild im Abbild letztlich nicht voll erfüllen kann, zeigt, wie problematisch Caillebottes scheinbar problemloser Naturalismus ist.

Das nur vorab: Die Wahllosigkeit des Aspekts und der einzelnen szenischen Konstellationen, die die Objektivität der so und nur jetzt so angetroffenen Szene gewährleisten soll, ist eine höchst ausgewählte Wahllosigkeit. Dies belegen allein schon die zahlreichen Studien, die *Europabrücke* vorausgehen. So wird an den drei hier wiedergegebenen Studien deutlich, dass Caillebotte gerade nicht vom tatsächlichen Zufall eines wahllosen Schnappschusses ausgeht (siehe Seite 76–77). Es müsste auch wohl ein großer Zufall sein, wenn bei einer doch nicht allzu großen Anzahl von Bildfiguren so viele nur zufällig zu denkende Konstellationen – wie die genannten Überschneidungen, die Schreitrichtungen, die Stellung des Hundes usw. – auf einmal zusammenträfen. Ein solches Zusammentreffen wirkt zwar wahrscheinlich, aber es entspricht im Rahmen des Wahrscheinlichen doch einem Höchstwert von Zufälligkeit, die gerade als Höchstwert genaugenommen nicht für die natürliche Antreffbarkeit der Situation spricht, sondern dafür, dass sie doch gestaltet oder zumindest durch Auswahl künstlich aufbereitet ist. Die „künstliche“ Steigerung der Werte einer durch Fotografie erfassten Zufälligkeit gefährdet die Suggestion des Authentischen dieser Szene. Hinzu kommt, dass die Dekomposition der Fläche, die bewirkt, dass sich der formale Zusammenhang des Gezeigten nicht primär der ästhetischen Gestalt zeigt, sondern vielmehr als Projektion der Ordnung der Dinge unter sich wirkt, nur mit kompositorischen Mitteln erreicht wird. Der Eindruck der Dekomposition erfordert eine äußerst exzentrische Komposition, die jedes *Déjá-vu* von vornherein ausschließt, da sie sich als solche unbemerkbar machen muss. Dekomposition – damit jedoch die Werte auch der als authentisch zu zeigenden Bildwelt – verdankt sich jedoch nolens volens den ästhetischen Eigengesetzen des Bildes, die sie scheinbar außer Kraft setzt. Und gerade um die Wahllosigkeit und Beliebigkeit des Blickfeldes zu belegen, war es im Vorigen auch methodisch unumgänglich, die planimetrische Ordnung des Bildfeldes zu untersuchen.

Am bezeichnendsten ist, was bewusst wird, wenn die mit der „Innocence of the eye“ angesprochene Seh- oder Erfahrungshaltung auf Caillebottes *Europabrücke* praktisch angewendet wird. Werden also versuchsweise im Blick auf das Bild die dinglich begreifbaren Elemente aus dem Bewusstsein gedrängt und das farbig formale Ensemble allein unter dem Horizont seiner bildlichen Eigenwirkung beachtet, so tritt eine der heiteren und unproblematischen Morgenszene vollständig entgegengesetzte Wirkung ein.

Im längeren ruhenden Hinblick wendet sich die Struktur der Brückenkonstruktion in die Fläche des Bildes. Zu gewahren ist ein hart konturiertes nach links sich zuspitzendes Flächenelement, das dort, wo sich die Dunkelflächen des flanierenden Paares befinden, jäh abbricht und das zugleich nach rechts in einem nur als bedrohlich zu empfindenden Größencrescendo ohne jedes Gegengewicht aus der Fläche zu kippen droht. Ohne den Eintrag eines Begriffs vom Tiefenraum desorientiert sich der Blick in einer aggressiven Dunkelstruktur, die mit den im Vergleich dazu wenig differenzierten Hellzonen im Bereich der Straße und des Himmels unverbunden ist und unverbindbar mit diesen Zonen aus dem Bildfeld herausbricht.

Es ist selbstverständlich, dass das Bild für eine solche Betrachtung nicht gemalt wurde. Ein solcher Hinblick wird diesem Bilde nicht gerecht. Aber es ist bezeichnend, dass er sich verbietet. Denn er deckt auf, dass die dort gemeinte Realität nicht eine anschauliche ist. Der heitere Sonntagmorgen ist nur gegeben, wenn das Anschauliche im wahren Sinn des Wortes *übersehen* wird. Dieses Bild darf nicht als Bild gesehen werden, wenn es der Realität, die es repräsentiert, nicht widersprechen soll.

In Turners Bildlichkeit dürfen die bildlichen Elemente als solche bewusst werden, da sie – und damit das Bild – nicht nur Eigenschaft von Dingen zu sein beanspruchen. In der „Innocence of the eye“ – im naiven Gewahren der Farbe – verkehrt sich die Bildwirkung Caillebottes ins Gegenteil dessen, was sie zeigen will.

Der Realismus dieser Bilder ist angewiesen auf ein naives Begreifen des Bildes als Abbild, auf ein naives Für-wirklich-Nehmen einer Gegenständlichkeit, die mit einem Bild nie gegeben, auf die mit einem Bild nur verwiesen werden kann. Caillebottes Bilder rechnen auf eine „Innocence of the meaning“.

Courbet hat als erster von der Malerei als einer *Konkreten Kunst* gesprochen, die „einzig in der Darstellung der *wirklichen* und *vorhandenen* Dinge bestehen kann.“[24] Und noch heute gilt vielen das Motiv als das „Konkrete“. Nur in einer „Innocence of the meaning“ kann jedoch das Abbild für die Realität stehen, denn für die „Innocence of the eye“ erweist sich schon an Caillebottes Bildern das Motiv – das heißt der dargestellte Gegenstand in seiner Repräsentationsform im Bilde – nicht als ein Konkretes, sondern als das eigentliche Abstrakte, als das lediglich begrifflich-vorstellungshaft zu Fassende, das selbst nicht Sichtbare. Denn die Gegenständlichkeit ist *so* nicht real gegeben, sondern nur unter Verlust ihrer kategorialen Grundmerkmale, der tatsächlichen Zufälligkeit der Raumgliederung sowie des kontinuierlichen Bewegungsvorgangs, als Abbild *repräsentiert*. Zugleich können im selben Maß die tatsächlich sichtbaren konkreten Gegebenheiten des Bildes nur als Eigenschaften der Dinge, nur als Daten für eine Wirklichkeit außerhalb des Bildes gelten. Das Bild ist nicht selbst Sache sondern nur Medium für das allein außerbildlich zu Begreifende. Am Widerspruch der Wirkungen, welche die auseinanderbrechenden anschaulichen Bildwerte in *Europabrücke* für die „Innocence of the eye“ ergeben, und der Wirkungen einer im Schutz der „Innocence of the meaning“ als eindeutig zu fassenden und als intakt geltenden Gegenstandswelt zeigt sich, daß die „reale“ Dingwelt im Bilde nicht als Wirklichkeit spricht – und auch nicht als Wirklichkeit des Bildes. Gerade mit dem Anspruch vollkommener objektiver Wahrheit, au-

„Der Realismus dieser Bilder ist angewiesen auf ein naives Begreifen des Bildes als Abbild, auf ein naives Für-wirklich-Nehmen einer Gegenständlichkeit, die mit einem Bild nie gegeben, auf die mit einem Bild nur verwiesen werden kann."

thentischer „Gegenständlichkeit" muss Caillebottes Bildlichkeit sich selbst negieren. Das „Wirkliche" und „Vorhandene", in dessen Darstellung Courbet die Substanz der *Konkreten Kunst* sieht, die *Vérité*, welche die zeitgenössische Kritik der Malerei Caillebottes zuerkennt, sind nur übertragene Werte; sie betreffen wohl die Welt, auf die gewiesen werden soll, das Anschauliche des Bildes betreffen sie nicht.

Der naive Realismus Caillebottes ist in Wahrheit die Extremform einer transzendenten Bildlichkeit. „Innocence of the meaning": Der naive abbildliche Realismus erwartet vom Betrachtenden eine konsequente Reduktion des Sehens zugunsten der Bedeutung. „Innocence of the eye" dagegen meint zunächst eine Reduktion der Bedeutung zugunsten des Sehens. Damit sind Grenzen bezeichnet. Caillebottes Malerei ist von Interesse, weil sie das wenig beachtete klaglose Ende einer traditionsreichen Kunstentwicklung anzeigt, das Ende des naiv-mimetischen Bildes.

Eine Weiterentwicklung in dieser Richtung war nicht nur für Caillebotte unmöglich. Möglich allein wäre eine Wiederholung des Wahrscheinlichen, Vielfalt, Reproduktion, aber mit Mitteln der Malerei nicht eine Steigerung; denn umso mehr müsste dann das Bild wider die eigene Intention ins Bewusstsein treten als die Instanz, die die Realität vermittelt.

Das Anschauen selbst wird von dieser Malerei an eine Grenze, an ein Ende geführt: Ist die Szene einmal erkannt, so hat das weitere Anschauen keine Aufgabe mehr. Zumindest nicht im bewusst zu machenden Realitätszusammenhang – oder soll man vor dem Bilde warten, um zu sehen, wie es weitergeht? Jeder weitere Blick führt von der gemeinten Realität ab auf das Bild, das doch als Medium, als vermittelnde Instanz zugunsten des Nur-Deutbaren nicht sichtbar werden darf.

Auch die andere Grenze, die Grenze zum Nur-Sichtbaren wurde erreicht. Der späte Monet zeigt mit seinen *Nympheas* eine Farbigkeit, für die jede Bedeutung bedeutungslos wird.

Es war die Malerei Cézannes, die den Konflikt zwischen Realismus und Sensualismus überwand, indem sie innerhalb dieser Grenzen Anschauung und Bedeutung im freien Wechselspiel der durch die Bilder eröffneten Aspektmöglichkeiten füreinander fruchtbar machte. Keine Sehweise ist ausgeschlossen. Jedes dort begegnende farbige Element ist offen gesehen zu werden als Hinweis auf Realität oder als eigene Realität, gesehen zu werden als die Bildhaftigkeit des Realen und als die Realität des Bildes. Eine sensible Mittellage ist hier erreicht, die das Anschauen befähigt, das eine im anderen zu erfahren und zwar nicht als ein Ende, als eine Grenze, sondern als einen Prozess ständiger Erneuerung.[25]

NEUE WEGE FÜR MEINE AUGEN

Über sieben Semester habe ich mich intensiv mit den Ausführungen Michael Bockemühls zum Sehen auseinandergesetzt und seine Anregungen auch immer wieder praktisch umgesetzt. Ein langwieriger Prozess, der nach meiner jetzigen Erkenntnis niemals einen Abschluss finden wird.

Durch die Arbeit an dem vorliegenden Band, dem die Rohfassung eines frei gehaltenen Vortrags zugrunde liegt, ist mir der Kunstwissenschaftler Bockemühl sehr vertraut geworden, obwohl ich ihn zu seinen Lebzeiten nicht kennengelernt habe. Anhand von Videoaufnahmen aus den 1990er-Jahren konnte ich mir zwar ein ungefähres Bild von ihm machen und beobachten, wie er spricht und seine einzigartige Gestik und Mimik einsetzt. Doch es blieb dieses Bild recht verschwommen, bis es durch die intensive Auseinandersetzung mit seinen Vorträgen Wort für Wort immer klarere Konturen annahm. Schließlich war es so, als würde mir Herr Bockemühl während der Korrekturarbeit über die Schulter schauen und bei jeder Abänderung, die ich vornahm, seinen Segen oder seine Kritik mitteilen.

Inhaltlich habe ich mich vor allem mit dem vorliegenden ersten Vortrag auseinandergesetzt und viele Stunden und Tage damit verbracht, ihn gründlich zu verstehen. So wurde es nach und nach möglich, denselben da zu ergänzen, wo das Tonband Lücken ließ und ihn unter Beibehaltung seines Vortragsstils in einen lesbaren Text zu verwandeln.

In dieser ersten Vorlesung hat der Wahrnehmungsexperte Bockemühl, wie ich finde, eine wundervolle Einleitung in sein zwanzig Vorträge umfassendes Projekt gegeben, indem er ganz ursprünglich auf das Sehen selbst eingeht. Das hat bei mir vieles in Bewegung gebracht. Ich habe das Sehen bis dahin einfach als eine gegebene Tatsache hingenommen und hatte die simple Vorstellung, dass meine zwei Augäpfel die Bilder aufnehmen und an mein Gehirn weiterleiten (Sehen als Datenverarbeitung).

Dass im Sehen viel mehr steckt, ist mir erst durch diese Vorlesungen bewusst geworden. Das Sehen als wirkliches Fest zu erfahren – nicht nur für meine Augen, sondern auch für meine Seele und meinen Geist –, war und ist für mich immer wieder ein berührendes Erlebnis. Denn es eröffnet mir die Möglichkeit, mich bewusst in meiner Umwelt zu bewegen und wahrnehmend anwesend zu sein. Ja, es ist für mich ein von Kopf bis Fuß befreiendes und zugleich festigendes Gefühl von Wirklichkeit geworden. So erscheint es mir als eines der größten Geschenke, mir meiner eigenen Sinne bewusst zu werden und Spaß daran zu haben, sie Tag für Tag neu einzusetzen.

Die Auseinandersetzung beinhaltet auch, von Zeit zu Zeit Langeweile beim Sehen zuzulassen und aushalten zu können. Bekannte Dinge meinen zunächst nichts Neues für uns bereit zu halten. Aber auch hier durfte ich, durch die Vorträge angeregt, feststellen, dass selbst die Gegenstände, Orte und Menschen, die ich jeden Tag sehe, immer neue Details preisgeben und faszinieren können, wenn ich sie mir gründlich anschaue. Mir wurde mehr und mehr klar, wie notwendig Geduld ist, denn durch diese können meine Augen sich erst neue Wege suchen und diese überhaupt erst entdecken. Mit anderen Worten, das scheinbar so einfache Sehen ist für mich zu einer faszinierenden Aufgabe geworden, die mich immer wieder neu herausfordert. Birgt doch der naive und gleichsam kindliche Blick einen Pfad für die Augen, der aus der Behaglichkeit des bloß Bekannten und Gewohnten herausführt und mich in die Lage versetzt, mich und meine Umwelt *neu* zu sehen.

Die im Vorwort erwähnte Exkursion nach Florenz konnte ich im Rahmen eines Seminars zur Herausgabe dieser Vorträge mit David Hornemann v. Laer selbst erleben. Vor Ort zu sein und die berühmten Skulpturen Michelangelos wirklich mit den eigenen Augen abzutasten und gründlich in den Blick zu nehmen, war eine tief beglückende Erfahrung. Obwohl dieses Seherlebnis von allen Teilnehmenden herbeigesehnt wurde, war es für uns von großer Wichtigkeit, dass wir uns vor der eigentlichen Betrachtung für einen Moment innerlich sammelten und zur Ruhe kamen, um beim Sehen nicht zu verkrampfen und locker zu bleiben. Umso besser konnte der Blick anschließend über die mal geschmeidigen, mal rauen Oberflächen der Skulpturen gleiten.

Auch heute noch sind für mich diese Vorlesungen von größter Aktualität. Denn Kunstwerke finden wir nicht nur auf Leinwänden oder im Museum. Die zunächst meist verborgene und anfänglich oft unscheinbare Ästhetik des täglichen Lebens birgt bei näherem Hinblicken eine Schönheit, die uns nur mittels unserer Augen zugänglich werden kann.

Jana Eckey

ANMERKUNGEN

1 „Le premier mérite d'un tableau est d'être une fête pour l'oeil." Eugène Delacroix am 13. August 1863, in: Journal d'Eugène Delacroix. *Avant-propos de Jean-Louis Vaudoyer*. Introduction et notes par André Joubin. Paris 1932, o. S.

2 Vgl. *Das sichtbare Unsichtbare, Bericht über die Vorlesung zu Joseph Beuys*, Sendung vom 17.11.1994, WDR Fernsehen. In einem anderen Beitrag mit dem Titel: *Der Wittener Professor und die Kunst* wurde das große Interesse und der enorme Andrang mit den Worten umschrieben: „Ein Professor der Privaten Universität Witten/Herdecke reißt mit seinen Ansichten die Massen in seinen Bann!" Vgl. Sendung vom 19.05.1993, WDR Fernsehen.

3 Jana Eckey, Studentin der Philosophie, Kulturreflexion und kulturellen Praxis, Universität Witten/Herdecke.

4 Im Gespräch mit David Hornemann v. Laer bemerkte Michael Bockemühl, dass dieser Vortragszyklus sein eigentliches Hauptwerk sei. Er habe nur noch keine Form gefunden, wie man solche Vorlesungen, die die Kunst unabhängig von Vorkenntnissen, Bildungsstand und Alter zugänglich machen möchten, adäquat veröffentlichen könne.

5 Michael Bockemühl, *Die Wirklichkeit des Bildes*, Urachhaus Verlag Stuttgart 1985, S. 180.

6 Paulo Coelho, *Hippie*, Diogenes Verlag Zürich 2018, © 2018 Diogenes Verlag AG Zürich, Rückcover. Hier im Buch S. 13.

7 Michael Bockemühl, in: Yvonne Schwarzer (Hrsg.), *Ohne Wahrnehmung keine Welt, Gespräch mit dem Kunstwissenschaftler Michael Bockemühl*, Westerweide Witten 2003, S. 32.

8 Silke Kirch, *Diskursive Wirklichkeit*, in: Zeitschrift *info3. Bewusst leben. Gesellschaft gestalten*, Oktober 2018, S. 64.

9 *Michael Bockemühl, Anmerkungen zu Schillers Ästhetik*, in: Friedrich von Schiller, *Von der Schönheit zur Freiheit*. Über die ästhetische Erziehung des Menschen in einer Reihe von Briefen in einer Auswahl hrsg. von Yvonne Schwarzer mit einem Vorwort von Michael Bockemühl, ars momentum Kunstverlag Witten 2005, S. 5. Konsequenzen hat diese an Schiller orientierte Ästhetik auch für das Leben des Kunstwissenschaftlers, der nicht von Ideen ausgeht, sondern von der konkreten Wahrnehmung: „... meine individuellen Leitmotive gestalten sich eigentlich nicht aus dem Blick auf eine Grundidee, sondern auf eine ständig sich im Kontext verwandelnde Wahrnehmung" (Claus Otto Scharmer, Interview mit Michael Bockemühl vom 22. Mai 1995, Archiv M. Bockemühl, Herdecke).

10 Michael Bockemühl, *Kunst ist die Antwort auf Kunst*, in: *boesner-Katalog 2004*, hrsg. von Wolfgang Boesner, Witten, 2004, S. 52.

11 Immanuel Kant, *Kritik der reinen Vernunft* (1. Aufl. 1781), Prolegomena, Grundlegung zur Metaphysik der Sitten, Metaphysische Anfangsgründe der Naturwissenschaft, Bd. IV der Akademieausgabe, Königlich Preußische Akademie der Wissenschaften, Berlin 1911,

12 In dem Standardwerk zur Wahrnehmungspsychologie von E. Bruce Goldstein wird zum Beispiel erläutert, wie das Bild auf der Retina durch einen „Prozess namens Transduktion in den Rezeptoren in elektrische Signale umgewandelt" wird und wie durch „Vorgänge, die auf vielfältige Weise das elektrische Antwortverhalten von Neuronen verändern" („neuronale Verarbeitung") unser Wahrnehmen „transformiert" wird. Vgl. *Wahrnehmungspsychologie*. Der Grundkurs von E. Bruce Goldstein, Hans Irtel, Martin Lay, Guido Plata, 7. Aufl. Spektrum Akademischer Verlag Heidelberg 2007, S. 5.

13 An das Stiftsfräulein Wilhelmine v. Zenge Hochwürden und Hochwohlgeboren zu Frankfurt a. O., Berlin, den 22. März 1801, in: http://gutenberg.spiegel.de/buch/briefe-7043/3 [abgerufen am 03.01.2018].

14 Johann Wolfgang von Goethe: Werke – Hamburger Ausgabe Bd. 12, *Maximen und Reflexionen*, 9. Aufl. München: dtv, 1981, S. 408.

15 E. Delacroix, *Spiegelungen. Tasso im Irrenhaus*. Hrsg. Bundesamt für Kultur, München 2008, S. 19.

16 Ebd.

17 In Goethes *Wilhelm Meisters Wanderjahre* heißt es: „In gesprächiger Hindeutung auf die wechselnden Herrlichkeiten der Gegend, mehr aber noch durch konzentrierte Nachahmung wurden ihm die Augen aufgetan und er von allen sonst hartnäckig gehegten Zweifeln befreit. Verdächtig waren ihm von jeher Nachbildungen italienischer Gegenden gewesen; der Himmel schien ihm zu blau, der violette Ton reizender Fernen zwar höchst lieblich, doch unwahr und das mancherlei frische Grün doch gar zu bunt; nun verschmolz er aber mit seinem neuen Freunde aufs innigste und lernte, empfänglich wie er war, mit dessen Augen die Welt sehen, und indem die Natur das offenbare Geheimnis ihrer Schönheit entfaltete, musste man nach Kunst als der würdigsten Auslegerin unbezwingliche Sehnsucht empfinden." Zitiert nach: Johann Wolfgang Goethe, Wilhelm Meisters Wanderjahre. Maximen und Reflexionen, Bd. 17 hrsg. von Gonthier-Louis Fink, Gerhart Baumann und Johannes John, Carl Hansel Verlag München, 1991, S. 459.

18 Vgl. Felix Timmermans, *Die unsichtbare Hand*, Inselverlag, Wiesbaden 1952, mit Zeichnungen des Dichters, Kap. 4: Pitje Sprott.

19 Julius Mayr, *Wilhelm Leibl. Sein Leben und sein Schaffen*, S. 152.

20 Es handelt sich bei diesem Text um Auszüge aus dem Beitrag von Michael Bockemühl für die Festschrift: *Modernität und Tradition, für Max Imdahl zum 60. Geburtstag*, die dem Stil des übrigen Textes angeglichen wurden. Der Originaltext wurde neu veröffentlicht in: Michael Bockemühl, *Bildrezeption als Bildproduktion. Ausgewählte Schriften zu Bildtheorie, Kunstwahrnehmung und Wirtschaftskultur*, hrsg. von Karen van den Berg und Claus Volkenandt, transcript Verlag, Bielefeld 2016, S. 197–224.

21 John Ruskin: *The Elements of Drawing*, 1857, in: *The Works of John Ruskin*, XV, E.T. Cook und A. Wedderburn, London/New York 1903, S. 27, zit. nach Wolfgang Kemp, *John Ruskin 1819-1900 Leben und Werk*, München/Wien 1983, S. 113.

22 Charles Baudelaire, Exposition universelle de 1885, in: *Oeuvres complètes VI*, hg. v. E. Crepet, Paris 1925, S. 248.

23 Das Zitat lautet vollständig: „Der ganze Wert ihres [der Kunst] Zeugnisses beruht darauf, dass sie Augenzeuge ist, all ihre Echtheit und Autorität beruht auf persönlicher Beglaubigung des Menschen, der sie hervorbringt. Ihr ganzer Triumph beruht auf der Wahrhaftigkeit des einen Wortes, das vorangegangen ist: Vidi – Ich habe gesehen." Zit. n. Wolfgang Kemp, *John Ruskin, Leben und Werk*. Carl Hanser Verlag München 1983, S. 63. J. Ruskin, The Elements [Seitenzahl fehlt; Anm. d. Hg.].

24 Vgl. Courbets offenen Brief vom 25.12.1861 zit. nach Klaus Herding (Hg.), *Realismus als Widerspruch, Die Wirklichkeit in Courbets Malerei*, Frankfurt a. M. 1978, S. 31. Courbet polemisiert hier gegen die zeitgenössische historische Ereignismalerei „art historique" (ebd. Anm. 37 auf S. 270) – gegen Verschönerung und Heroisierung. Abstrakte Ideale als Bildgegenstand werden zurückgewiesen. Die Malerei „ist eine ganz und gar körperliche Sprache, die sich anstelle von Worten aus allen sichtbaren Dingen zusammensetzt; ein abstraktes, nicht sichtbares, nicht vorhandenes Ding hat im Bereich der Malerei nichts zu suchen" (ebd. S. 31). Das führt ihn zu dem Schluss: „Die Einbildungskraft in der Kunst besteht darin, den vollständigsten Ausdruck einer vorhandenen Sache zu finden, niemals aber darin, diese Sache selbst zu setzen oder zu schaffen." Der Kontext der durch das Bild gezeigten Dinge wird in dieser Theorie als Sprache gesetzt. Der Wirklichkeitsbezug der Dinge in sich soll unmittelbar gezeigt werden mit der Autorität der authentischen Vorhandenheit der Dingwelt. Dieses Konzept kann die anschaulichen Elemente des Bildes nicht als Wirklichkeit werten, sondern nur deren transzendente Funktion in Bezug auf außer-ästhetische Vorhandenheiten.

25 Michael Bockemühl, KUNST SEHEN Claude Monet, Bd. 2.

VERZEICHNIS DER WERKE UND BILDNACHWEISE

1 | Eugène Delacroix, **Selbstbildnis,** 1837 Öl auf Leinwand, 33,8 x 44,5 cm, Musée du Louvre, Paris, © Peter Willi/ARTOTHEK, S. 9.

2 | Foto von Michael Bockemühl, 2003, © Christian Nielinger, Essen, S. 14.

3 | Foto von Michael Bockemühl, 2003, © Christian Nielinger, Essen, S. 21.

4 | Jean-Auguste-Dominique Ingres, **Die große Odaliske,** 1814, Öl auf Leinwand, 91 x 162 cm, Musée du Louvre, Paris, © Peter Willi/ARTOTHEK, S. 22–23.

5 | Eugène Delacroix, **Löwenjagd,** 1855, Öl auf Leinwand, 175 x 360 cm, Musée des Beaux-Arts, Bordeaux, © Bordeaux, Musée des Beaux-Arts, S. 24–25.

6 | Paul Delaroche, **Tod Elisabeth I.**, 1828, Öl auf Leinwand, 422 x 343 cm, Musée du Louvre, Paris, © Fine Art Images/ARTOTHEK, S. 31.

7 | Ernest Meissonier, **Napoleon III. bei der Belagerung von Solferino,** 1863, Öl auf Holz, 43,5 x 76 cm, Musée national du Château de Compiègne, © Peter Willi/ARTOTHEK, S. 32–33.

8 | Hans Makart, **Dante und Vergil im Inferno**, um 1863/1865, 85 x 60 cm, Öl auf Leinwand, © Belvedere, Wien, S. 37.

9 | Pierre Puvis de Chavannes, **Der arme Fischer,** 1881, Öl auf Leinwand, 154 x 192 cm, Musée d'Orsay, Paris, © Peter Willi/ARTOTHEK, S. 38–39.

10 | Gustav Klimt, **Liebe**, 1895 Öl auf Leinwand, 60 x 44cm, Historisches Museum der Stadt Wien, © mauritius images / Super Stock / Fine Art Images, S. 41.

11 | Gustav Klimt, **Allegorie der Skulptur** 1889, Seite aus der Festschrift des k. k. Österreichischen Museums, Bleistift, aquarelliert, mit Gold gehöht auf Karton, 43,5 x 30 cm, MAK (Museum für angewandte Kunst, Wien), Bibliothek und Kunstblättersammlung, © akg-images, S. 43.

12 | Franz von Stuck, **Die Sünde**, 1893, 94,5 x 59,5 cm, Öl auf Leinwand, Neue Pinakothek, München, © Blauel Gnamm - ARTOTHEK, S. 45.

13 | Arnold Böcklin, **Die Pest,** 1898, Tempera auf Tannenholz, 149,8 x 105,1 cm, Kunstmuseum Basel, © Hans Hinz/ARTOTHEK, S. 49.

14 | Hans Makart, **Die Pest in Florenz**, Teil III, 1868, 205 x 103 cm, Öl auf Leinwand, © Museum Georg Schäfer, Schweinfurt, S. 50–51.

15 | Charles Gleyre, **Sappho** (Jeune fille dans un intérieur pompéien), 1867, Öl auf Leinwand, 108 x 72 cm, Musée cantonal des Beaux-Arts, Lausanne, © akg-images, S. 53.

16 | Adolphe-William Bouguereau, **Satyr und Nymphen**, 1873, 260 x 180 cm, Sterling and Francine Clark Art Institute, Williamstown, MA, USA, © Bridgeman Images, S. 55.

17 | Alexandre Cabanel, **Die Geburt der Venus,** 1875, Öl auf Leinwand, 106 x 182,6 cm, Metropolitan Museum of Art, New York, © Fine Art Images/ARTOTHEK S. 56–57.

18 | Wilhelm Leibl, **Drei Frauen in der Kirche,** 1881, Öl auf Mahagoniholz, 113 x 77 cm, Hamburger Kunsthalle, © Westermann/ARTOTHEK, S. 61.

19 | Gustave Courbet, **Die Steineklopfer**, 1849 (1945 zerstört), Öl auf Leinwand, 165 x 257 cm, ehemals Galerie Neue Meister, Dresden, © mauritius images / ART Collection / Alamy, S. 62–63.

20 | Henri Fantin-Latour, **Ein Atelier in Batignolles**, 1870, Öl auf Leinwand, 204 x 273,5 cm, Musée d'Orsay, Paris, © Peter Willi/ARTOTHEK, S. 64–65.

21 | Adolph von Menzel, **Ballszene,** 1867, Deckfarbe/Papier, 30 x 26 cm, Sammlung Schäfer, Schweinfurt, © akg-images, S. 66–67.

22 | Gustave Caillebotte, **Europabrücke**, 1876, Öl auf Leinwand, 124,7 x 180,6 cm, Musée du Petit Palais, Genf, © Peter Willi/ARTOTHEK, S. 68–69.

23–25 | Gustave Caillebotte, **Studien zur Europabrücke**, 1876, Öl auf Leinwand, 83 x 122 cm, © Collection Albright-Knox Art Gallery, Buffalo, New York, S. 76–77.

26 | Joseph Mallord William Turner, **Venedig: Blick nach Osten in Richtung San Pietro di Castello – früher Morgen** (aus dem Skizzenbuch Como und Venedig, Finberg CLXXXI), 1819, Wasserfarben auf Papier, 22,3 x 28,7 cm © Tate, London 2014, S.82–83.

27 | Joseph Mallord William Turner, **Ein Strand und das Meer unter einem blassen bewölkten Himmel**, (aus dem Skizzenbuch Como und Venedig, Finberg CLXXXI), 1819, Wasserfarben auf Papier, 22,6 x 28,7 cm, © Tate, London 2014, S. 84–85.

DANK

Das diese vor über 25 Jahren begonnene und glücklicherweise auf Tonband aufgezeichnete Vortragsreihe nun endlich in Buchform erscheinen kann, verdankt sich der Mitarbeit vieler Menschen.

Die Aufzeichnungen auf den Tonbändern wurden von Sandra Schwarz verschriftlicht. Natalie Rehm brachte die Texte in eine erste Form und suchte die Dias zu den Vorträgen zusammen. Schließlich gab es zahlreiche Studierende, die sich seit 2014 im Rahmen von Seminaren, die von David Hornemann v. Laer geleitet wurden, in unterschiedlicher Besetzung um eine vorsichtige Überarbeitung der Vorträge kümmerten, welche den Stil der frei gehaltenen Vorträge beibehielt und sie gleichwohl auch lesbar machten.

An dem Zustandekommen dieses Projekts waren bisher beteiligt:
Tanja Adam-Heusler, Meike Adden, Joseph Bailey, Elena Ball, Luise Baumeister-Lingens, Lea Bengel, Laura Bickel, Malte Bischoff, Geraint Black, Leandra Börner-Valdez, Antonia Bonn, Demian Buchner, Elisabeth Capellmann, Eda Ciftci, Julius Daniel, Anna Deffner, Philipp Doose, Jana Eckey, Lara-Luna Ehrenschneider, Manischa Eichwalder, Isabel Gadea, Caroline Geck, Max Geuer, Paul Geilenberg, Andreas Grieser, Isabel Gudd, Julia Hansel, Antonia Heinrich, Ronja Hellebrandt, Hannah Heukeroth, Laura Jacobson, Sinja Jessberger, Jennifer Klack, Melanie Laskowski, Clara Laufenberg, Dominik Lauinger, Valerie Liebers, Katharina Lilienthal, Rose Link, Foo Low, Florian Kämpf, Jannis Keuerleber, Laura Marschallek, Miranda Kiefer, Jonas Klingberg, Mathilda Knoblauch, Anna Ko, Julian Kramp, Andrea Kreisel, Johanna Lamprecht, Helias Mackay, Nura Mahmalat, Johanna Mayrshofer, Nikolas Middelmann, Tobias Möller-Hahlbrock, Lorenz Mrohs, Julia Muhsal, Matthias Niedermann, Martin Pawelkiwitz, Laurenz Pfaff, Matthias Pfrogner, Anselm Prechtl, Constantin Reuter, Joyce Rieck, David Richardoz, Lydia Roknic, Verena Schusser, Josephine Schütt, Amelie Scupin, Laura Sieber, Sarah Sock, Rahel Steffen, Rachel Steinmetz, Matthias Tamm, Carla Tenthoff, Christine Teuchert, Olaf Tittel, Philine Töpper, Friedemann Uhl, Richard Ulrich, Nikolas von Kameke, Pauline Warneboldt, Anna-Lena Weidemann, Christiane Weinberg, Shaya Werner, Clara Wicharz, Jette Wolf, Klara Zepp, Mara Zöller.

Die Buchreihe verdankt ihre das Kunstwerk ins Zentrum rückende Gestaltung dem Grafiker Frank Schubert. Birgit Bockemühl stand uns mit Rat und Tat zur Seite und war insbesondere bei der Klärung schwieriger Textstellen und deren Umformulierung eine unschätzbare Hilfe.

Silke Kirch sei Dank für ihre vielen hilfreichen Anmerkungen, die zu einer wesentlichen Verbesserung des Textes geführt haben, sowie ihr aufmerksames Lektorat und Christoph Steinrücken für das umsichtige Marketing. Nicht zuletzt sei den Verlagsleitern Jens Heisterkamp und Ramon Brüll für ihre Unterstützung und ihren Glauben an dieses herausfordernde Projekt gedankt.

Zudem danken wir den im Folgenden genannten Förderern, die uns unterstützt und die Drucklegung dieses Bandes möglich gemacht haben.

Universität Witten/Herdecke
Fakultät für Kulturreflexion
- Studium fundamentale

wittener universitätsgesellschaft

GLS Treuhand

IBAM
Integriertes Begleitstudium
Anthroposophische Medizin
Universität Witten/Herdecke

Werner Richard-
Dr. Carl Dörken
Stiftung

KUNST SEHEN Die Edition

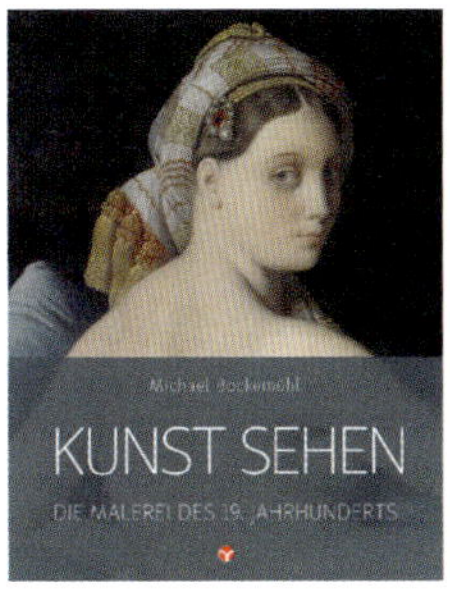

Band 1
Malerei des
19. Jahrhunderts

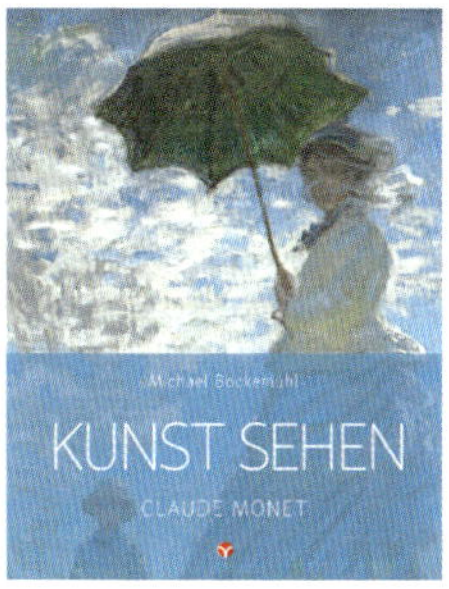

Band 2
Claude Monet

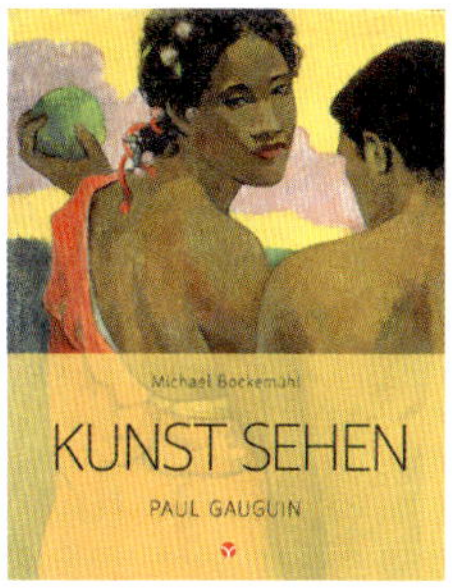

Band 3
Paul Gauguin

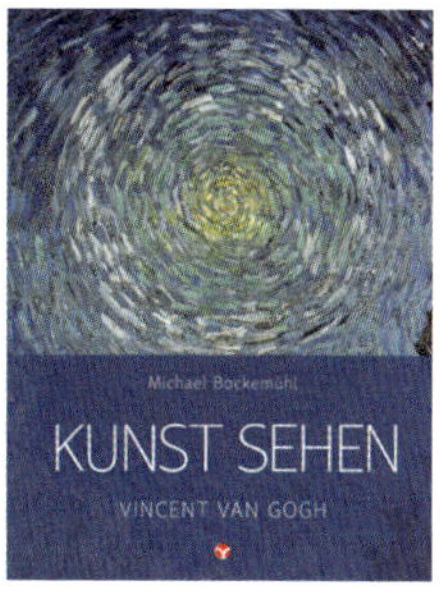

Band 4
Van Gogh

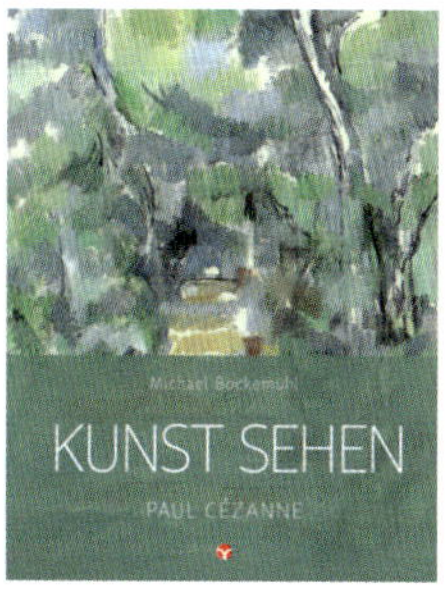

Band 5
Paul Cézanne

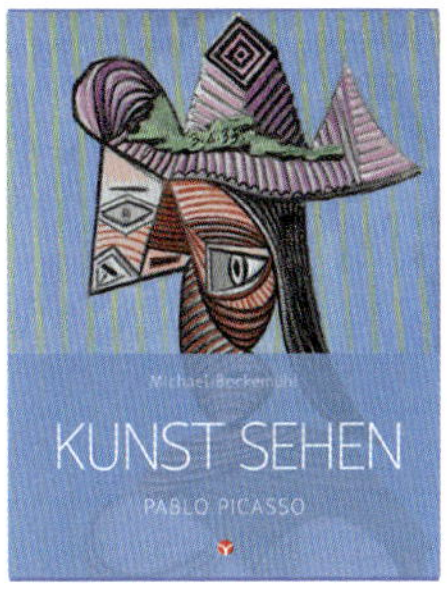

Band 6
Pablo Picasso

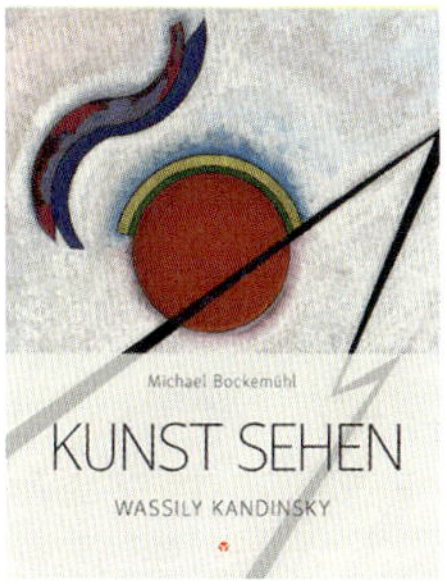

Band 7
Wassily Kandinsky

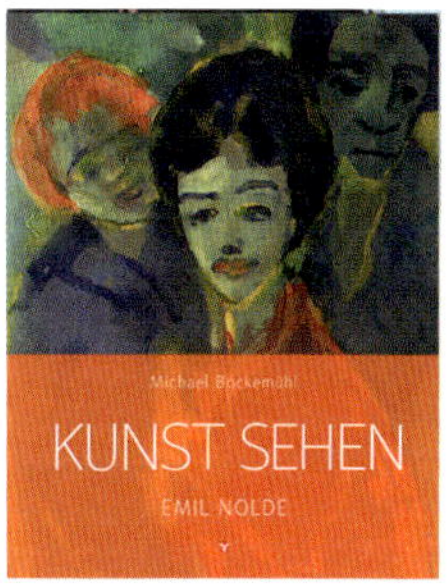

Band 8
Emil Nolde

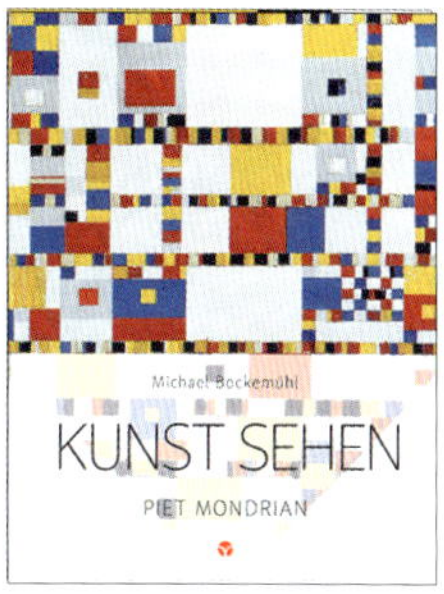

Band 9
Piet Mondrian

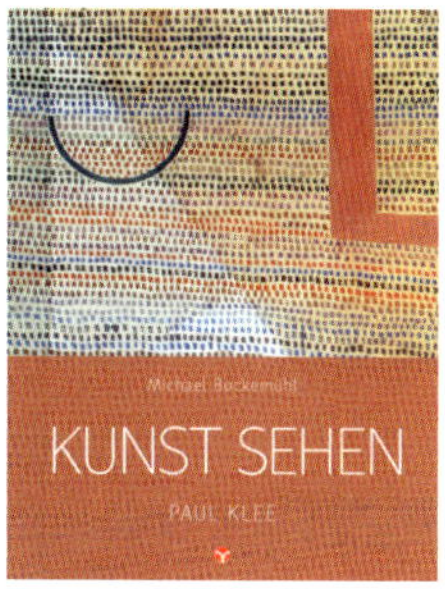

Band 10
Paul Klee

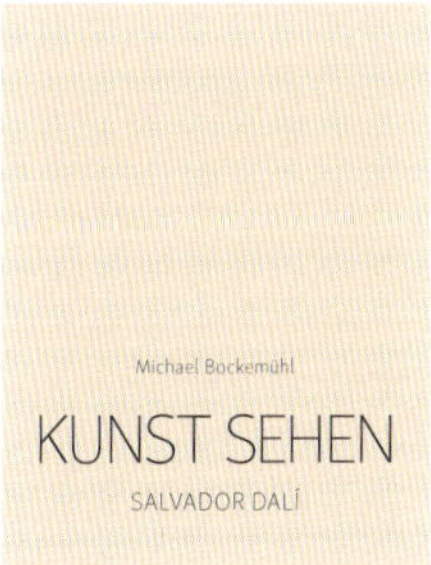

Band 11
Salvador Dalí

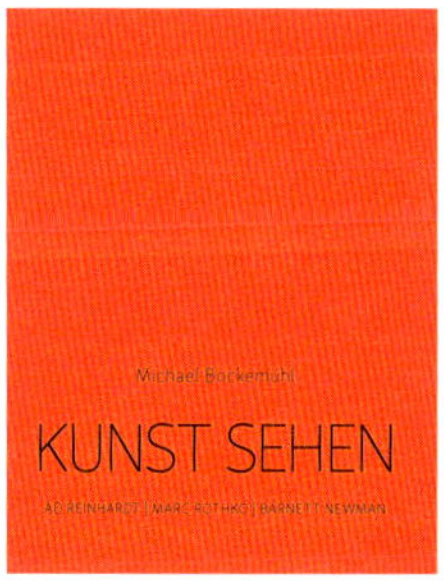

Band 12
Ad Reinhardt,
Marc Rothko,
Barnett Newman

Band 13
Francis Bacon /
Cy Twombly

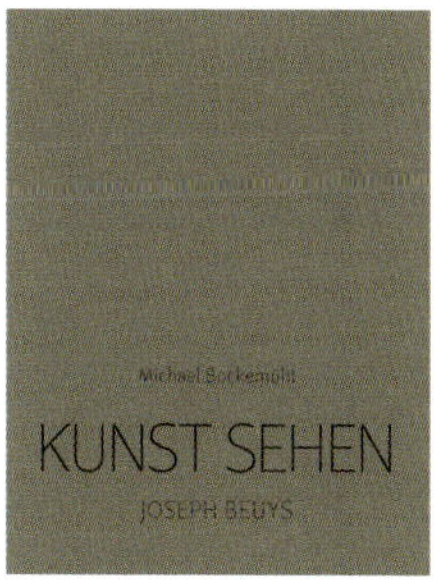

Band 14
Joseph Beuys

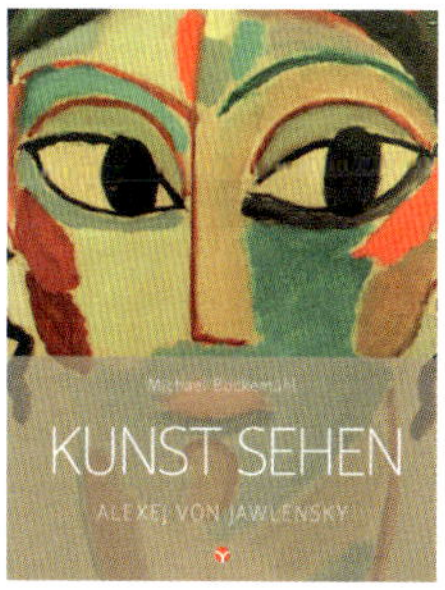

Band 15
Alexej von Jawlensky

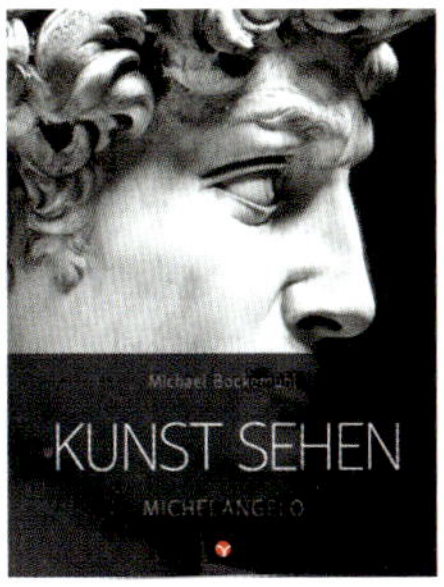

Band 16
Michelangelo

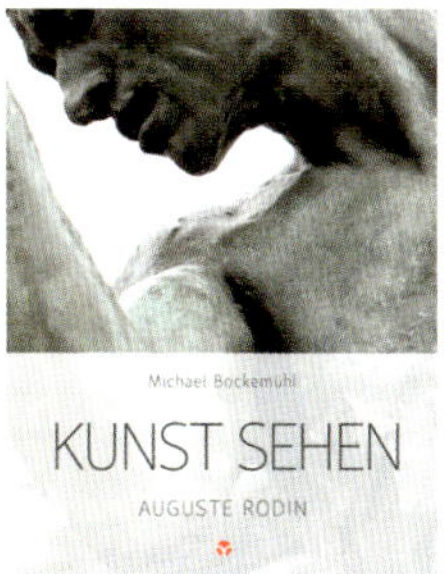

Band 17
Auguste Rodin

Band 18
Hans Arp

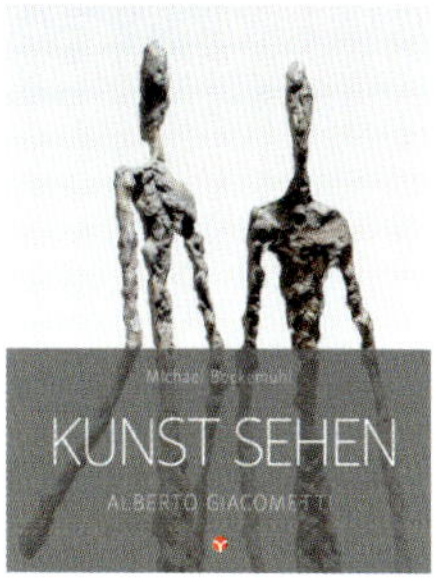

Band 19
Alberto Giacometti

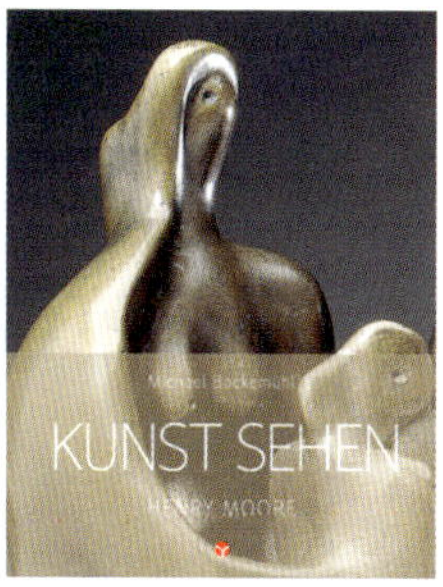

Band 20
Henry Moore

Voraussichtlicher Abschluss der Edition: 2021
Einzelbände für € 16,80
Im Abonnement für € 14,80
Infos unter:
www.info3.de/kunst-sehen
www.kunst-sehen.com

INFO3 VERLAG

IMPRESSUM

Bibliographische Information der Deutschen Nationalbibliothek:
Die Deutsche Nationalbibliothek verzeichnet diese Publikation in der Deutschen Nationalbibliographie; detaillierte bibliographische Daten sind im Internet über http://dnb.ddb.de abrufbar.

ISBN 978-3-95779-063-7

Zweite Auflage 2019

Typographie, Satz und Umschlag:
Frank Schubert, Frankfurt am Main unter Verwendung einer Detailabbildung des Gemäldes *Die große Odalisque* von Jean-Auguste-Dominique Ingres

Druck und Bindung: Dilling Printmedien, Kreuztal

INFO3 VERLAG

Kirchgartenstr. 1, 60439 Frankfurt
Tel. 069-57 000 892, Fax +49-69-58 46 16
vertrieb@info3.de

WWW.INFO3.DE

HERAUSGEBER:
David v. Hornemann Laer
Fakultät für Kulturreflexion
Universität Witten/Herdecke
Alfred-Herrhausen-Str. 50, 58448 Witten
eMail: david.hornemannvonlaer@uni-wh.de
www.kunst-sehen.com